ERV reinhardt

Helga Blum • Wiltrud Weltzer

Schwesternliebe rostet nicht

Eine Geschichte für Senioren
zum Lesen und Vorlesen

Ernst Reinhardt Verlag München

Helga Blum, Fürth, arbeitet als freiberufliche Lektorin und Biografin. Sie betreute zeitweise ihre hochbetagte pflegebedürftige Mutter zu Hause und kennt die Schwierigkeiten einer angemessenen Betreuung Pflegebedürftiger aus eigener Erfahrung.

Wiltrud Weltzer, Eggolsheim bei Bamberg, freiberufliche Gestalttherapeutin und Gesangspädagogin, verfasst Kurzgeschichten, Romane und Gedichte. Die Begleitung ihrer Eltern in deren letztem Lebensabschnitt empfand sie als besonders bereichernd.

Bibliografische Information der Deutschen Nationalbibliothek

Die Deutsche Nationalbibliothek verzeichnet diese Publikation in der Deutschen Nationalbibliografie; detaillierte bibliografische Daten sind im Internet über <http://dnb.d-nb.de> abrufbar.
ISBN 978-3-497-02738-5 (Print)
ISBN 978-3-497-60685-6 (PDF)

Printed in EU
Cover: © Petra Fischer/Fotolia
Satz: Sabine Ufer, Leipzig

Ernst Reinhardt Verlag, Kemnatenstr. 46, D-80639 München
Net: www.reinhardt-verlag.de E-Mail: info@reinhardt-verlag.de

Inhalt

Willkommen im Lindenhof

Es regnet in Strömen. Ein eiskalter Januarwind lässt die alte Dame erschauern. Gestützt auf den Arm des freundlichen Taxifahrers bleibt sie abrupt unter dem gläsernen Vordach der Seniorenresidenz *Lindenhof* stehen. Sie presst die Lippen aufeinander und kneift ihre Augen zusammen, sodass steile Falten oberhalb ihrer Nase sichtbar werden.

„Nein", quetscht sie gequält hervor. „Genau das wollte ich nie, niemals!"

„Nur noch ein paar Schritte", bettelt Herr Schwarz.

„Da können Sie mich genauso gut gleich aufs Schafott führen." Johanna Niebauer lässt den Arm des Taxifahrers los, dreht sich auf dem Absatz um und kommt dabei gefährlich ins Wanken.

Beherzt greift Herr Schwarz nach dem rechten Arm seiner Kundin. „Um Gottes willen, jetzt wären Sie beinahe gestürzt."

„Ach was! Bitte bringen Sie mich ins Haus."

„Ist es wirklich so schlimm für Sie? Ihre Schwester wohnt, soviel ich weiß, gerne hier."

Sie verdreht ihre Augen und antwortet barsch: „Meine Schwester ist meine Schwester, und ich bin ich." Dann seufzt sie: „Aber es hilft ja nichts." Energisch strebt sie nun der Türe zu, auch wenn ihr das Gehen mehr als schwer fällt.

Herr Schwarz atmet erleichtert auf. „Na also! Ihre Schwester freut sich sehr, dass Sie jetzt auch hier wohnen werden."

„Ja, ja, so stellt sie sich das vor. Zwei Schwestern wieder unter einem Dach. Wenn sie sich da mal nicht zu früh freut!"

Widerstrebend sieht sich die alte Dame in der Empfangshalle um. Die Glasfront lässt viel Tageslicht herein, gemütliche Sitzgruppen laden zum Verweilen ein, dazwischen gibt es etliche Grünpflanzen.

Aber Johanna hat nur ein Auge für die alten, gebrechlichen Menschen, die an den Wänden entlangschleichen. Zu denen zählt sie sich mit ihren gerade mal 72 Jahren noch lange nicht!

Seit ihrem Sturz vom Fahrrad Anfang Dezember hat sie lange im Krankenhaus liegen müssen. Die letzten Wochen hat sie dann in der Reha verbracht. Nach dem komplizierten Beinbruch kann sie noch nicht allein in ihrer schicken Maisonettewohnung zurechtkommen.

Trotzdem fragt sie sich, warum sie sich von

ihrer Schwester überreden ließ, hierher zu kommen: Rosemarie hat für Johanna einen Pflegeplatz im selben Haus reserviert, in dem sie selbst seit dem Tod ihres Mannes lebt und ein eigenes Appartement bewohnt. Seitdem hadert Johanna mit der Entscheidung und mit ihrem Schicksal. Und doch bleibt ihr gar nichts anderes übrig, als es einige Zeit im Seniorenstift auszuhalten.

„Da bist du ja, meine Liebe! Ich habe mir schon Sorgen gemacht, ob alles klappen würde." Rosemarie Kaufmann begrüßt überschwänglich ihre jüngere Schwester. „Am besten lassen wir uns gleich dein Zimmer hier im Erdgeschoss zeigen – aber erst erledigen wir an der Rezeption alles Nötige. Ich bin so froh, dass du endlich hier bist!"

„Spar dir deine Freudentränen. Du bist mich bald wieder los, Rosi."

Geduldig wartet der Taxifahrer neben den beiden Damen auf weitere Anweisungen.

„Ach, Herr Schwarz", wendet sich Rosemarie endlich an ihn, „könnten Sie bitte das Gepäck und den Rollator hereinbringen?"

Als Johanna zahlen will, wehrt er lachend ab. „Vielen Dank. Das hat Frau Kaufmann schon erledigt, als sie mir gestern den Auftrag gab, Sie hierher zu bringen. Rufen Sie mich an, wenn Sie in nächster Zeit einen Chauffeur brauchen." Er drückt ihr seine Karte in die Hand und verabschiedet sich mit einem charmanten Lächeln.

Wenn die Neue vom gleichen Holz geschnitzt ist wie seine treueste Kundin, dann wird bestimmt jedes Mal ein fettes Trinkgeld rausspringen.

Kaum ist er gegangen, hakt Rosemarie resolut ihre Schwester unter. „Kannst du noch, meine Liebe?“

„Natürlich!“ Johanna beißt die Zähne zusammen, schüttelt den Arm ab und hinkt ohne Hilfe zur Leiterin der Seniorenresidenz, die dezent im Hintergrund die Begrüßung der Schwestern abgewartet hat.

„Guten Tag, Frau Niebauer“, ruft diese jetzt aus. „Schreiber mein Name. Ich hoffe, Sie hatten eine gute Anreise.“

„Geht so.“

Als eine junge Dame im schlichten Kostüm wie zufällig den Gang entlang läuft, ruft Frau Schreiber sie herbei: „Frau Erhard, können Sie bitte mal herkommen? Ich würde Ihnen gern den Neuzugang in Zimmer 16 vorstellen.“ Und an Johanna gewandt sagt sie: „Frau Erhard ist im *Lindenhof* die Etagendame, die für unsere Bewohner im Erdgeschoss zuständig ist. Sie wird auch für Ihr Wohlergehen sorgen.“

Frau Erhard begrüßt Johanna ausgesprochen herzlich und schlägt gleich vor: „Gehen wir, Frau Niebauer, ich zeige Ihnen Ihr Zimmer.“

Missmutig schlurft Johanna neben ihr her, Rosemarie läuft schon mal voraus.

„Ihre Schwester meinte, Sie sollten nicht weitab vom Schuss sein“, erklärt die Etagendame freundlich. „Deshalb haben wir für Sie ein gemütliches Eckzimmer im Erdgeschoss vorgesehen, nicht weit vom Restaurant und der Bibliothek. Wir wollen Ihnen lange Wege ersparen.“

„Danke. Aber ich hoffe, bald wiederhergestellt zu sein. Sie haben doch eine gute Physiotherapeutin im Haus, die eisern mit mir üben wird?“

„Aber klar, Frau Niebauer. So, da sind wir auch schon! Ich hoffe, hier gefällt es Ihnen.“

Skeptisch blickt Johanna sich um. Ein Pflegebett sticht ihr als Erstes ins Auge. Und die beiden klobigen Sessel sind absolut nicht ihr Geschmack! Den hellen Wandschrank und den Tisch mit zwei Stühlen kann sie sich gerade noch gefallen lassen. Einzig der Blick durch das große Südfenster in den gepflegten Park versöhnt sie ein wenig mit dem tristen Ambiente. „Na ja“, würde sie am liebsten sagen, verkneift es sich aber.

„Gewöhnen Sie sich gut ein! Ihre Schwester wird Ihnen sicher in allem behilflich sein. Nicht wahr, Frau Kaufmann?“

„Mit Vergnügen! Ich freue mich, dass ich Hanna endlich zur Seite stehen kann.“

Frau Erhard wendet sich zum Gehen. „Wenn Sie Hilfe brauchen, Frau Niebauer, genieren Sie sich nicht zu klingeln. Und nun lasse ich Sie erst einmal ankommen.“

Kaum hat die Etagendame die Tür hinter sich geschlossen, reißt Johanna das Fenster auf und atmet tief durch. Dann lässt sie sich seufzend in einen Sessel fallen.

„Na, was sagst du?“ Rosemarie will hören, wie angenehm überrascht ihre „kleine“ Schwester vom neuen Domizil ist.

„Hm. Auch nicht viel besser als in der Reha“, antwortet diese lakonisch. Doch dann besinnt sie sich und fügt leise hinzu: „Danke, Rosi. Ich hätte wirklich nicht nach Hause gekonnt – so mutterseelenallein, wie ich bin. Auch wenn ich es hasse: Noch brauche ich Hilfe.“

„Kann ich noch irgendetwas für dich tun? Soll ich deinen Koffer auspacken?“

Entgeistert schaut Johanna ihre Schwester an. „Du? Dafür gibt es doch Personal! Und die nehmen ja auch nicht wenig Geld pro Tag.“

„Dann trink erst mal von dem guten Orangensaft, den ich dir hier auf den Tisch gestellt habe.“

Johanna schüttelt den Kopf.

Doch Rosemarie lässt sich nicht beirren und füllt ein Glas halb voll. „Ich freue mich so, dass wir endlich mehr Zeit miteinander verbringen können.“

„Wie? *Du* hattest doch nie Zeit“, fährt die jüngere Schwester die ältere an. „Ständig warst du mit deinen Kindern und später mit den Enkeln beschäftigt.“

„Wer keine Familie hat, kann das nicht verstehen."

„Dann mach mir bitte nicht den Vorwurf, ich hätte mich nicht genügend um dich gekümmert."

„Tu ich das?" Rosemarie ist irritiert. Nach einem Weilchen fährt sie zögernd fort: „Wenn ich dich mal gebraucht hätte, warst du garantiert gerade beschäftigt oder irgendwo in der Weltgeschichte unterwegs."

Ärgerlich blickt Johanna zum Fenster hinaus. „Das kannst *du* wiederum nicht verstehen. Hast du jemals ein Geschäft aufgebaut oder dir auch nur selbst dein täglich Brot verdient?"

Rosemarie kneift die Lippen zusammen. „Nein, hab' ich nicht. Aber zieh' du mal drei Kinder groß mit einem Mann, der sich nur um seinen Beruf kümmert."

„Eben. Genau deshalb bin ich froh, nicht verheiratet zu sein."

„Du weißt ja gar nicht, was dir da entgangen ist, so ohne Kinder und Enkelkinder", antwortet ihr die Schwester, nicht ohne Triumph in der Stimme.

„Wenn du meinst ..."

„Ach komm, lass gut sein", unterbricht sie Rosemarie. „Gehen wir lieber ins Restaurant und essen eine Kleinigkeit. Du musst doch Hunger haben. Danach willst du sicher einen Mittagsschlaf machen."

Das kann ja heiter werden, denkt Johanna. Noch immer glaubt Rosi als die Ältere, genau zu wissen, was ich tun soll. „Ja, ja“, sagt sie laut. „Wie früher weißt du wieder einmal besser, was ich will.“ Versöhnlich fügt sie hinzu: „Aber heute hast du ausnahmsweise recht.“

Altrosa und Türkis

„Guten Morgen, Frau Niebauer. Ich wollte nur mal sehen, wie es Ihnen geht. Brauchen Sie etwas?“, fragt die Etagendame aus dem Erdgeschoss im *Lindenhof*. Sie spitzt vorsichtig zur Türe herein, nachdem auf ihr Klopfen hin nur ein unwirsches „Ja“ erklungen ist.

„Ich muss raus, einfach nur raus“, stöhnt Johanna. Sie steht am Fenster und starrt auf die tropfenden Bäume der Parkanlage gegenüber. „Aber wie? Bei diesem grauenvollen Wetter!“ Mit Leidensmiene dreht sie sich zu Frau Erhard. „Wie soll ich den Tag nur überstehen – eingesperrt in vier Wände?“

„Ja, da haben Sie recht. Das Wetter kann einem schon mal die Laune verderben. Jetzt muss ich weiter. Melden Sie sich, wenn Sie etwas brauchen.“

„Was ich brauche, können Sie mir nicht geben.“

„Das wäre?“

„Meine Freiheit!“

„Oh, allerdings. Aber bitte haben Sie doch noch ein wenig Geduld.“

„Geduld?“ Johanna wendet sich unwirsch um. „Die wird seit Wochen überstrapaziert!“

„Frau Niebauer! In der Reha haben Sie sich noch mit Krücken Schritt für Schritt dahingeschleppt. Jetzt schaffen Sie es mit dem Stock schon ganz allein vom Bett bis zum Sessel.“

„Die paar Meter!“

„Aber, aber! Sie wissen doch: Nicht nur eine lange Reise beginnt mit dem ersten Schritt, auch die Genesung.“ Die Etagendame klopft ihr aufmunternd auf die Schulter und schon ist sie verschwunden.

Wieder blickt Johanna aus dem Fenster. Es graupelt und schneeregnet abwechselnd. Schmutzige Schneehaufen auf allen Wegen, Matsch, wohin man schaut. Eine alte Dame mit Stock rutscht aus und kann sich gerade noch fangen.

„Hier drin halte ich es nicht aus, und draußen bin ich meines Lebens nicht sicher“, murmelt Johanna vor sich hin. Mit einem Seufzer lässt sie sich im Ohrensessel nieder. Das grün-rot gestreifte Monstrum ist in ihren Augen zwar immer noch potthässlich, aber immerhin bequem.

Was ist denn nur los mit ihr? Sie ist es nicht gewohnt, tagaus, tagein in nur einem Zimmer zu wohnen und noch dazu auf andere angewiesen zu sein. Das Leben im *Lindenhof* scheint ihr unerträglich.

Das Telefon klingelt drei Mal, hört dann auf und klingelt erneut. Ah, das muss Rosi sein! Diese Klingelabfolge ist ihr Erkennungszeichen. Johanna greift sofort nach dem Hörer auf dem Tischchen neben dem Sessel. „Gerade habe ich mir überlegt, ob ich dich anrufen soll. Meine Laune ist auf dem Nullpunkt."

„Das höre ich, meine Liebe."

Johanna verdreht die Augen. „Lass das ‚*meine Liebe*', es geht mir auf die Nerven."

„Meine Güte. Was hast du denn?"

„Ich fühle mich wie in einem Käfig!"

„Dann gehen wir eben spazieren. Die frische Luft wird dir guttun."

Die Jüngere tippt sich an die Stirn. „Hast du heute schon mal zum Fenster rausgeschaut?"

„Es ist eben Februar."

„Und im Februar blasen alle in diesem Altengefängnis bei Schmuddelwetter Trübsal."

„Jetzt hör aber auf. Ich fühle mich hier wohl. Du musst schon selbst ein bisschen was dazu beitragen."

Mit dem Satz „Danke, Frau Oberlehrerin", knallt Johanna den Hörer auf die Telefongabel.

So schnell gibt Rosemarie aber nicht auf. Sofort lässt sie es erneut klingeln. „Gehst du mit deinen Kunden auch so ruppig um? Nein? Aber mit mir kannst du es wohl machen. Bin ich schuld an deinem kranken Bein und am Wetter?“, schimpft Rosemarie los.

„Tut mir leid. Aber ich muss hier raus, und zwar so schnell wie möglich.“

„Also?“

„Du kennst dich doch in der Stadt aus. Was können wir bei dem Scheißwetter heute unternehmen?“

Rosemarie räuspert sich vernehmlich wegen der drastischen Ausdrucksweise ihrer Schwester. Daran wird sie sich niemals gewöhnen.

„Also?“

„Ich hab eine Idee: Was hältst du von einem Stadtbummel?“

„Rosi! Von einem Laden zum anderen schlittern und alle beide ausrutschen?“

„Natürlich nicht. Es gibt hier ein großes Einkaufszentrum. Sämtliche Läden sind überdacht, und du kriegst da alles, was das Herz begehrt.“

Johannas Stimmung hebt sich schlagartig.

Rosemaries Lieblingstaxifahrer setzt sie auf dem Parkdeck des Einkaufcenters direkt vor dem Aufzug ab. Zuerst hilft er der Älteren aus dem Wagen, dann öffnet er die Beifahrertür, um Johanna mit geübtem Griff aus dem Wagen zu helfen. „Das geht ja schon wie geschmiert, Frau Niebauer. Da sieht man, was Sie mit Ihrem eisernen Willen bewirken“, schmeichelt er ihr.

Johanna strahlt. Was für eine Genugtuung!

Mit Schwung und einem charmanten Lächeln stellt er den Rollator vor sie hin.

„Den können Sie gleich wieder mitnehmen, Herr Schwarz“, stellt Johanna klar. „Hier brauche ich ihn nicht.“

„Wie Sie meinen. Wann soll ich die Damen wieder abholen?“

„Wir rufen Sie an“, antwortet Rosemarie für beide. „Und lassen Sie mir bitte den Rollator da. Ich kann mich dann draufsetzen, wenn ich müde werde. Mir macht es nichts aus, ihn zu schieben.“

„Auf geht's!“ Johanna hakt sich wie selbstverständlich bei ihrer Schwester unter.

„Du hängst an mir wie ein Zentnersack“, stöhnt Rosemarie. „So macht mir der Einkaufsbummel bestimmt keinen Spaß.“

Verwundert lässt Johanna den Arm los. „Du warst immer so hilfsbereit. Und jetzt, wo ich dich brauche …“

„Nimm deinen Rollator. Du bist mir zu schwer. Ich weiß schon, warum ich den mitgenommen habe.“

„Also gut, hier kennt mich ja niemand“, brummt Johanna vor sich hin und schiebt los.

Eine Weile amüsieren sich die beiden und schlendern von einer Auslage zur anderen. Vor einem Geschäft für Accessoires bleiben sie eine Weile stehen und bewundern die geschmackvollen Schals, Mützen und Taschen.

„Wollen wir da mal reingehen, Rosi? Schau, dieser türkisfarbene Seidenschal rechts in der Ecke, den will ich mir genauer ansehen."

„Der mit den rosa Blümchen? Der gefällt mir auch."

Sie werden von Rosenduft und einer freundlichen Verkäuferin empfangen.

Rosemarie streckt ihren Kopf nach vorne, um das Namensschild der Dame zu entziffern. „Aha, Natascha. So ist das heute, man redet Sie mit Vornamen an. Frau Natascha?"

„Einfach nur Nadascha."

Johanna verkneift sich ein Grinsen. Eine Natascha, die ein breites Fränkisch mit dem typischen weichen *d* statt dem harten *t* spricht!

Rosemarie fährt unbeirrt fort: „Also, Frau Natascha, wir würden gerne den türkisfarbenen Schal im Fenster genauer anschauen."

„Nicht wahr? Der ist schön." Die Verkäuferin wechselt, so gut sie kann, ins Hochdeutsche, da die beiden Damen höchstwahrscheinlich keine Kosten scheuen würden. Mit den Worten „Hier, schauen Sie mal – und fühlen Sie", reicht sie Rosemarie das feine Stück.

„Eigentlich interessiere *ich* mich dafür", protestiert Johanna.

„Na dann …" Natascha legt den Schal der

Jüngeren um den Hals. „Da vorne haben wir auch einen Spiegel."

„Sehr schön!", meint Rosemarie. „Zum Verlieben."

Johanna schüttelt den Kopf.

„Ich meine nicht dich, sondern das Tuch. Gib mal her, ich glaube, der steht mir auch." Energisch packt Rosemarie das gute Stück, hält es sich selbst an den Hals und sieht die Verkäuferin fragend an.

„Ausgezeichnet. Ich könnte gar nicht sagen, wem er besser steht."

„Haben Sie den vielleicht zwei Mal da?", fragt Johanna.

Rosemaries Gesichtszüge verhärten sich. „Kommt gar nicht infrage!"

Johanna stutzt.

„Entweder du oder ich", empört sich die Ältere. „Wir laufen doch nicht im Partnerlook herum."

„Aber wenn der Schal dir doch genauso gut gefällt wie mir!" Johanna kann ihre große Schwester wieder einmal überhaupt nicht verstehen.

„Nein! Dann verzichte ich lieber. Das ist ja nichts Neues …"

„Jetzt mach aber mal halblang."

Die Verkäuferin wendet sich einem Fach mit Handschuhen zu und beginnt die sorgfältig gestapelte Ware neu zu ordnen.

„Tut uns leid, Frau Natascha, wir müssen es uns noch überlegen. Auf Wiedersehen." Abrupt verlässt Rosemarie den Laden, gefolgt von ihrer sichtlich verärgerten Schwester.

Die Tür ist noch nicht ganz zu, da beschwert sich Johanna schon: „Das ist ja peinlich, was du da abgeliefert hast."

„Wieso denn ich? *Du* wolltest doch unbedingt diesen Schal."

Missgelaunt trotten die Schwestern nebeneinander her. „Ach Hanna, lass uns nicht streiten", lenkt die Ältere nach einer Weile ein. „Ich brauche jetzt einen Kaffee."

„Gute Idee. Wo ist denn was Nettes, wo man gemütlich sitzen kann?"

„Schau, da vorne ist ein Café. Schaffst du es noch bis dahin?"

Johanna spürt zwar ihr krankes Bein, will es aber nicht zugeben. „Die paar Meter sind ja wohl ein Pappenstiel mit dem Rollator."

Endlich angekommen, lassen sich beide erschöpft nieder und bestellen je einen großen Milchkaffee. Eine Zeit lang nippen sie an ihren Bechern, rühren mit ihren Löffeln gedankenverloren darin herum und schweigen sich an.

Schließlich gibt sich Johanna einen Ruck und fragt vorsichtig: „Was war denn da gerade los?

Haben wir uns vorhin nicht wie kleine Kinder benommen?"

„Das erinnert mich an etwas – ich kann es nur noch nicht richtig fassen", antwortet Rosemarie. „Es hängt, glaube ich, mit der Farbe zusammen."

„Türkis? Wir hatten mal zwei gleiche Dirndlkleider in Türkis, weißt du noch? Ich muss da ungefähr sieben gewesen sein."

„Stimmt! Die waren grässlich!" Rosemarie verzieht ihr Gesicht zu einer säuerlichen Grimasse. „Ich war dann vierzehn und bestimmt kein kleines Mädchen mehr", seufzt sie.

„Auf den alten Urlaubsfotos kann man sehen, wie gut uns beiden diese Farbe stand."

„Das war nicht das Problem."

„Was dann?"

„Mama steckte uns damals immer noch in die gleichen Klamotten!"

„Ja und? Ich liebte dieses Kleid und bildete mir ein, dass ich fast genauso damenhaft aussah wie du."

Rosemarie ist nun ganz in die Vergangenheit versunken und blickt richtig unglücklich drein. „Das genau war doch das Problem. Warum sollte ich so aussehen wie meine kleine Schwester? Du warst für mich ein Kind, und ich war doch schon erwachsen."

„Ach so. Ich verstehe ...", murmelt Johanna

und malt verlegen mit dem Finger das Muster im Tischtuch nach.

„Mich hat das ziemlich genervt, das weiß ich noch genau“, fährt Rosemarie mit erregter Stimme fort. „Damals habe ich das erste Mal protestiert. Aber Mama blieb hart. Sie meinte, wenn ich das Kleid nicht tragen will, ist das meine Sache, aber ein anderes gibt es nicht.“

„Ich hab das gar nicht mitbekommen“, gesteht die Jüngere leise.

„Stell dir vor: Zur Strafe für mein ungehöriges Betragen kaufte sie dir tatsächlich ein weiteres hübsches Dirndl, mich aber ließ sie leer ausgehen.“

Johanna nimmt mitfühlend die Hand ihrer Schwester, doch Rosemarie fährt zornig fort: „Kannst du dir denken, wie sauer ich war? Damals hatte ich einen regelrechten Hass auf dich und auf Mama.“

„Aber ich konnte ja gar nichts dafür“, verteidigt sich Johanna.

„Klar. Aber galubst du, ich konnte das mit vierzehn schon verstehen?“

Wieder minutenlanges Schweigen.

Plötzlich müssen beide lachen. „Na so was!“, platzt es beiden wie aus einem Munde heraus.

„Und das ist jetzt alles bei dir wieder hochgekommen?“, fragt Johanna kopfschüttelnd. „Bloß weil wir beide den gleichen Schal in Türkis wollten?“

„Ja, da siehst du mal, wie uns die alten Geschichten noch heute bestimmen."

Erleichtert lächeln sie einander zu – froh, dass wieder Frieden zwischen ihnen herrscht.

Johanna winkt dem Kellner.

„Gehen wir", sagt Rosemarie, „das wäre nun geklärt."

„Rosi, du wolltest dieses schöne Stück doch auch – und heute sollst nur *du* es haben."

„Bist du sicher?"

„Ja, bin ich."

Natascha grüßt höflich, als die beiden Damen erneut im Laden erscheinen. „Schauen Sie, ich hab noch ein bisschen gesucht." Freudestrahlend streckt sie ihnen einen ähnlichen Schal von gleicher Qualität entgegen: altrosa und mit türkisfarbenen Blümchen.

Rosemarie greift erfreut danach, ihre Augen glänzen. „Mein Gott, ist der schön! Dieses dunkle Altrosa ist meine Lieblingsfarbe."

„Der Schal steht dir ausgezeichnet. Rosi, den nimmst du", stellt Johanna mit Nachdruck fest. Kurz entschlossen wendet sie sich an Natascha: „Bitte packen Sie uns beide Schals ein. Den in Türkis mit rosa Blümchen von vorhin und den hier in Altrosa mit den türkisfarbenen Blümchen. Und bitte stellen Sie *mir* die Rechnung."

„Aber ..."

„Rosi, keine Widerrede! Ich schenke dir dieses wunderschöne Stück. Du weißt schon, warum.“

Gott und die Mode

Johanna öffnet die Terrassentür und tastet sich vorsichtig nach draußen. Ein paar Schritte schafft sie nun schon ohne Gehhilfe. Mit einer Hand hält sie sich am Türrahmen fest, mit der anderen zieht sie den Gartensessel heran, sodass er in der hellen Frühlingssonne steht. Sie muss aber noch einmal zurück ins Zimmer: Ohne Decke ist es im März einfach zu kalt. Mollig eingehüllt auf der kleinen Terrasse fühlt sie sich seit Wochen zum ersten Mal besser. So könnte ich es hier vielleicht doch aushalten, denkt sie und streckt ihr Gesicht den wärmenden Strahlen entgegen.

Als Rosemarie sie zum Mittagessen abholen will, findet sie ihre Schwester bestens gelaunt vor. „Na, du lässt es dir ja gut gehen."

„Ist das nicht herrlich? Und die Vögel zwitschern auch schon. Heute habe ich endlich wieder einmal das Gefühl zu leben."

„Siehst du, es ist gut hier im *Lindenhof*. Du solltest endgültig herziehen."

„Davon habe ich nicht gesprochen. Ich brauche meine Freiheit. Sobald ich gesund bin, kehre ich zurück in meine eigenen vier Wände. Das weißt du doch."

„Du willst mich wieder allein lassen", seufzt Rosemarie.

Johannas Gesichtszüge verdunkeln sich schlagartig. „Willst du mir die Laune verderben? Dann mach nur so weiter."

„Ach, meine Liebe, natürlich nicht. Lass uns über etwas anderes reden."

Beim Mittagessen im Restaurant schneidet Rosemarie allerdings wieder ein heikles Thema an: „Heute Abend ist in der Kapelle ein ökumenischer Gottesdienst. Kommst du mit?"

„Ich?" Entgeistert starrt Johanna ihre Schwester an. „Ich habe seit Jahren keine Kirche mehr von innen gesehen."

„Dann wird es höchste Zeit."

„Soll ich jetzt weinen oder lachen? Rosi, das kann nicht dein Ernst sein. Willst du mich auf meine alten Tage noch bekehren?"

„Natürlich nicht. Aber ich vermute, du hast nichts als Vorurteile gegenüber allem, was nur entfernt nach Kirche riecht."

„Aha, das vermutest du." Johanna legt ihre Stirn in Falten und sinnt still vor sich hin. Irgendetwas drängt sich bei ihr an die Oberfläche. „Weißt du nicht mehr, wie es mir im Konfirmandenunterricht ergangen ist?", fragt sie mit einem Mal.

„Nein, was war da?“

„Der Pfarrer hätte mich beinahe hinausgeschmissen, weil ich lästige Fragen stellte.“

„Zum Beispiel?“

„Ich habe zum Beispiel wissen wollen, warum wir das Inhaltsverzeichnis der Bibel auswendig lernen sollten.“

„Was ist da schon dabei.“

Johanna ist nicht mehr zu bremsen. „Das fand ich *überflüssig*!“

Sie hatte damals beim Abfragen forsch gemeint: „In jeder Bibel ist ein Inhaltsverzeichnis, und wenn ich etwas nachschlagen wollte – was ich bezweifle –, könnte ich das jederzeit tun.“

Der Pfarrer hatte daraufhin in scharfem Ton gefragt: „Johanna, warum willst du dich konfirmieren lassen, wenn dich der Inhalt der Bibel nicht interessiert?“

„Weil meine Eltern das wollen – und weil es so üblich ist.“

Von da an herrschte Krieg zwischen den beiden.

„Worüber habe ich am Sonntag gepredigt?“, fragte er sie in der nächsten Konfirmandenstunde.

„Weiß ich nicht, ich war nicht da.“

„Du fehlst entschieden zu oft. Wenn du noch zwei Mal fehlst, kann ich dich nicht konfirmieren.“

„Warum nicht? Erklären Sie mir doch bitte

erst mal, wozu man überhaupt konfirmiert werden muss. Ich will es wirklich wissen."

Der Pfarrer erkannte damals seine Chance nicht. Für ihn war Johanna widerborstig und unverschämt.

Sie aber zog sich innerlich zurück und ließ die letzten Vorbereitungsstunden über sich ergehen. Sie lernte das Nötigste und tat vor allem der Mutter den Gefallen, keine Fragen mehr zu stellen.

Rosemarie weiß darauf nichts zu sagen und nickt nur ein paar Mal verständnisvoll vor sich hin.

„Und weißt du, welchen Konfirmationsspruch er mir am Ende gegeben hat?", fragt Johanna dann in die Stille hinein.

„Welchen denn?"

„*Wohl dem, der nicht wandelt im Rat der Gottlosen noch tritt auf den Weg der Sünder noch sitzt, da die Spötter sitzen, sondern hat Lust am Gesetz des Herrn.*"

„Ja, jetzt erinnere ich mich wieder. Mama und Papa waren außer sich."

„Unvorstellbar!", empört sich Johanna. „Und nach dieser Geschichte soll ich trotzdem mit dir jetzt jede Woche in die Kirche gehen und Choräle krächzen? Also wirklich, Rosi!"

Die ältere Schwester seufzt: „Du kennst eben unsere junge Pastorin noch nicht."

„Ich verzichte, vielen Dank."

Ein paar Tage später wagen sich Rosemarie und Johanna in den Park der Seniorenresidenz *Lindenhof*. Die Wiesen sind übersät mit bunten Krokussen und leuchtend gelben Osterglocken.

„Da ist man doch gleich ein ganz anderer Mensch, wenn einen die Sonne lockt.“ Die Jüngere lässt ihren Rollator einen Augenblick los, reckt die Arme dem strahlend blauen Himmel entgegen und dehnt sich wohlig.

Mit forschen Schritten kommt ihnen auf dem Kiesweg eine Mittvierzigerin entgegen. Die Dame trägt schwarze Stiefeletten mit hohen Absätzen und einen weinroten, leicht taillierten Übergangsmantel. Um den Hals hat sie einen farbenfrohen Schal geschlungen. Schon von weitem winkt sie den beiden zu und schüttelt dabei ihre dunkelbraune Mähne.

„Was für eine Wohltat, hier auch einmal einer geschmackvoll gekleideten Dame zu begegnen“, flüstert Johanna. Als Modedesignerin hat sie einen sicheren Blick für Stil und Qualität. Noch immer geht sie ihrem Beruf mit Leidenschaft nach und entwirft in ihrem Atelier eine eigene Kollektion. Das Nähen überlässt sie inzwischen zwei angestellten Schneiderinnen und in der Boutique wechseln sich zwei Verkäuferinnen ab. „Den Mantelstoff dort würde ich mir aus der Nähe ansehen wollen.“

„Pst! Sie kommt“, zischt Rosemarie.

„Wie schön, Sie hier zu treffen, Frau Kaufmann." Die elegante Dame streckt ihnen die Hand zur Begrüßung entgegen. „Und das ist wahrscheinlich Ihre Schwester, von der Sie mir erzählt haben."

„Guten Tag, Frau Pastorin. Ja, Sie haben recht, endlich ist sie hier."

„Niebauer", stellt sich Johanna selbst vor.

„Guten Tag. Mein Name ist Groth. Wie geht es Ihnen?"

„Danke, jeden Tag ein bisschen besser. Aber ich will so bald wie möglich nach Hause."

„Das kann ich verstehen." Die Pastorin stutzt. „Sagten Sie eben *Niebauer*? Mein Mann schenkte mir vor Jahren ein auserlesen schönes Designerkleid. Es war von der Marke Niebauer."

Johanna strahlt. „Dann war es aus meiner Kollektion!"

„Dachte ich mir's doch. Entwerfen Sie noch immer Mode, Frau Niebauer?", will Frau Groth wissen.

„Mein Atelier gibt es noch. Zum Glück habe ich fähige Mitarbeiterinnen."

Die Pastorin nickt und fährt mit einem Lächeln fort: „Nun weiß ich auch, warum Frau Kaufmann immer so schicke Blusen trägt."

„Soll ich Ihnen einen schönen Talar entwerfen?"

„Also Hanna!“ Rosemarie verdreht die Augen. „Entschuldigen Sie bitte, aber meine Schwester macht manchmal unpassende Witze.“

„Wieso? Das fände ich gar nicht schlecht. Leider bin ich verpflichtet, die schwarze Amtstracht bei Gottesdiensten zu tragen. Ich mag sie aber auch nicht besonders.“

„Siehst du, Rosi?“, triumphiert Johanna. Sie richtet sich mit einem schelmischen Lächeln an Frau Groth: „Wenn Sie mal etwas richtig Schickes beim Gottesdienst tragen werden, lassen Sie es mich wissen. Dann komme ich vielleicht auch in Ihre Kirche.“

Die Pastorin lacht herzlich. „Ach, jeder auf seine Art. Wissen Sie, ich finde es wunderbar, dass Sie die Menschen mit Ihrer Kunstfertigkeit beschenken. Für mich ist das auch ein Dienst an Gott.“

Endlich jemand im *Lindenhof*, der Beruf und Berufung einer Modeschöpferin zu würdigen weiß! Johanna sonnt sich in der Anerkennung durch die Pastorin.

Frau Groth wendet sich zum Gehen. „War schön, mit Ihnen zu plaudern. Aber jetzt muss ich weiter. Da drinnen wartet jemand auf meinen Besuch.“

Kaum ist die Pastorin außer Hörweite, stellt Johanna amüsiert fest: „Die Frau hat Humor,

Schwesterlein! So was gibt's also auch in deiner Kirche."

Rosemarie wittert ihre Chance. „Also, kommst du heute Abend mit?"

„Du kannst es nicht lassen."

„Ja und?"

„Mal sehen!", murrt Johanna.

Ein Tag voller Überraschungen

Wer ruft denn um diese Zeit schon an?", grummelt Johanna vor sich hin, dreht sich demonstrativ zur Seite und zieht sich die Bettdecke über den Kopf. Aber das Telefon will nicht verstummen. Drei Mal – Pause – drei Mal – Pause … immer weiter. Unwirsch tastet sie zum Hörer auf ihrem Nachtkästchen. „Rosi! Was willst du in aller Herrgottsfrüh von mir?"

„Guten Morgen, Geburtstagskind. Herzlichen Glückwunsch!"

„Blödsinn!"

„Aber meine Liebe. Hast du vergessen, dass du heute Geburtstag hast?"

„*Morgen*, Rosi", stöhnt Johanna. „Morgen ist der erste April!"

„Was sagst du?"

„*Morgen* ist mein Geburtstag. Und auch morgen möchte ich nicht aus dem Schlaf gerissen werden."

„Du liebe Zeit, sei doch nicht so ruppig. Auf meinem Kalender ist heute Mittwoch, der Erste."

„Schau genau hin."

„Ich reiße jeden Abend vor dem Schlafengehen ein Blatt ab, damit ich gleich beim Aufstehen weiß, welcher Tag gerade ist."

Johanna muss gegen ihren Willen lachen. „Da haben wir des Rätsels Lösung. Heute ist Dienstag, Rosi. Du hast gestern zwei Blätter mit einem Mal abgerissen. Die waren wahrscheinlich zusammengeklebt."

Keine Antwort. Im Hintergrund hört Johanna Papierrascheln und ungeduldiges Gemurmel: „Das kann doch gar nicht sein."

Rosemarie sucht nach dem Kalenderzettel vom 31. März. „Hier, ich hab' ihn", triumphiert sie ins Telefon. „Wusste ich's doch, ich hab meine Sinne schon noch beisammen, Schwesterlein."

„Da hab' ich so meine Zweifel. Gestern war der Dreißigste. Vielleicht hast du ja auch zwei Mal hintereinander ein Blatt abgerissen."

„Hältst du mich für blöd? Den Zettel von gestern hab' ich aufgehoben, weil da so ein schöner Spruch auf der Rückseite steht. Soll ich ihn dir vorlesen?"

„Bitte, verschone mich mit deinen Kalendersprüchen!"

Die Ältere schnaubt: „Jetzt reicht's aber" und legt auf.

Rosemarie sitzt vor ihrer Tasse Kaffee und brütet vor sich hin: Wer hat recht, ich oder meine kleine Schwester? Ich ticke doch noch richtig! Zwei Mal soll ich gestern ein Blatt abgerissen haben? Das hätte ich doch gemerkt. Wahrscheinlich will die kratzbürstige Hanna nur nicht ihren Geburtstag feiern. Andererseits …

Rosemarie muss sich Gewissheit verschaffen. Aber wie? Sie will nicht noch einmal dumm dastehen, auf gar keinen Fall.

Für den 1. April hat sie schon vor Tagen im hausinternen Café eine Torte bestellt. Da kann sie ja mal nachfragen.

Auf dem Weg dorthin begegnet ihr die Physiotherapeutin. „Guten Morgen, Frau Bachmeier."

„Ach, guten Morgen, Frau Kaufmann. Schon so früh auf den Beinen?"

„Ja, gut, dass ich Sie treffe. Sie denken noch an unsere Abmachung?"

Frau Bachmeier stutzt einen Augenblick, zwinkert dann aber verschwörerisch. „Klar! Wie ausgemacht: Für morgen, den 1. April, habe ich mir im Terminkalender um 15.00 Uhr ein Stündchen freigehalten."

„Aha, für *morgen* also! Dann bis morgen, Frau Bachmeier."

Na so was! Hanna hat doch recht. Heute ist definitiv nicht ihr Geburtstag.

Am nächsten Tag will es gar nicht recht hell werden. Regenwolken verdunkeln den Himmel, und die Amsel auf dem Baum vor Johannas Fenster steckt ihren Schnabel ins aufgeplusterte Gefieder, als wüsste sie, dass das Geburtstagskind in Ruhe gelassen werden will.

Mit einem freundlichen „Guten Morgen“ betritt die Etagendame das Zimmer. „Herzlichen Glückwunsch, Frau Niebauer!“

„Oh, hat sich das schon rumgesprochen?“

„Alles Gute! Werden Sie vor allem bald wieder gesund!“

Joanna seufzt: „Danke! Ich gäbe was drum, wenn das ein wenig schneller ginge.“

Frau Erhard droht lächelnd mit dem Zeigefinger. „Das hatten wir doch schon, nur *Geduld*, Frau Niebauer. Hier, ich habe ein paar Briefe für Sie.“ Sie wendet sich zum Gehen und sagt: „Lassen Sie sich schön feiern!“

Doch Johanna ruft ihr nach: „Da wird nichts draus! Meinen Geburtstag feiere ich immer mit mir allein. Am liebsten weit, weit weg, wo mich keiner damit behelligt!“

Sie vertieft sich in ihre Post.

Nanu, da fehlt doch einiges? Nichte Nele hat ihr bisher noch immer ausführlich zum Geburtstag geschrieben und ein paar Familienbilder beigelegt. Sogar Rosis Sohn Steffen hat letztes Jahr per Luftpost aus Amerika gratuliert. Doch diesmal:

Fehlanzeige. Nicht einmal Renate, die Schulfreundin aus dem Gymnasium, hat die übliche Glückwunschkarte geschickt.

Da schüttelt das in die Jahre gekommene Geburtstagskind energisch den Kopf und sagt zum Spiegelbild am Kleiderschrank: „Jetzt werd' nur nicht rührselig auf deine alten Tage, Hanna."

Zum Mittagessen treffen sich die beiden Schwestern wie vereinbart im hauseigenen Restaurant.

„Herzlichen Glückwunsch, meine Liebe!"

„Geht es auch ein bisschen leiser?", entfährt es Johanna prompt.

Rosemarie verkneift sich ihre Enttäuschung. Sie weist der Jüngeren den bequemeren Platz auf der Polsterbank zu und verkündet: „Du bist heute mein Gast. Ich lade dich ein, nachdem du ja keine Geschenke haben willst."

„Danke. Und jetzt ist Schluss mit Geburtstag! Man muss es wirklich nicht feiern, wenn man wieder ein Jahr älter geworden ist."

„Bist du denn nicht ein kleines bisschen dankbar an einem Tag wie heute?"

„Dankbar?" Mürrisch starrt Johanna vor sich hin. „Wofür? Dass ich nicht mehr so kann wie früher? Dass es dem Ende entgegengeht?"

Ihre ältere Schwester zieht die Stirn in Falten. „Ich bin dem Ende näher als du. Aber davon lasse ich mir doch nicht die Laune verderben."

Johanna blättert stumm in der Speisekarte.

„Früher warst du nicht so ein Miesepeter, meine Liebe."

„Ich will arbeiten. Ich darf den Überblick über meinen Betrieb nicht verlieren." Verzweifelt sieht Johanna ihrer Schwester in die Augen. „Kannst du verstehen, Rosi, dass ich Angst habe, nicht mehr so wie früher zu funktionieren?"

Rosemarie nickt – und schweigt. Schließlich streichelt sie dem Geburtstagskind leicht über die Hand. „Ja, doch, das kann ich verstehen."

Johanna lässt sie gewähren und nach und nach hellt sich ihre Miene wieder auf.

In seltener Harmonie essen die beiden und machen sich dann gut gelaunt auf den Weg in ihre Zimmer. Da bricht die Sonne aus den Wolken hervor, taucht das Foyer der Seniorenresidenz in helles Licht und spiegelt sich in zwei strahlenden Augenpaaren.

Nach einem Ruhestündchen überlegt Johanna, was sie mit dem Rest des Tages anfangen könnte. Soll sie Rosi zu einem Stück Kuchen einladen? Sie zieht ihre gute schwarze Hose an und darüber ihre neue nachtblaue Tunika. Es geht zwar nur langsam voran, aber immerhin ohne fremde Hilfe. Den türkisfarbenen Schal mit den rosa Blümchen drapiert sie elegant um ihren Hals.

Sie will gerade zum Telefon greifen, als es klopft.

„Frau Bachmeier? Wir haben doch heute gar keine Physiotherapie."

„Entschuldigen Sie vielmals, aber mir ist eine Patientin ausgefallen. Da dachte ich, wir könnten unseren morgigen Termin vielleicht vorziehen. Sie würden mir damit einen großen Gefallen tun."

„Na dann. Ihnen kann ich sowieso nichts ausschlagen, so schnell wie Sie mich schon wieder auf die Beine gestellt haben."

„Auf geht's. Lassen Sie den Rollator stehen und nehmen Sie nur Ihren Stock. Ich stütze Sie und bringe Sie dann auch wieder zurück."

Joanna stutzt. „Heute scheinen Sie aber wirklich viel Zeit zu haben. Kann ich mich noch schnell umziehen?"

„Nein, nein, heute geht das auch mal so." Frau Bachmeier führt ihre Patientin mit einem spitzbübischen Lächeln am Aufzug vorbei, den sie für den Weg zu den Therapieräumen im Keller nehmen müssten.

So ganz geheuer kommt Johanna das nicht vor.

Doch bevor sie sich länger darüber Gedanken machen kann, lenkt die Physiotherapeutin ihren Blick nach draußen. „Ist es nicht herrlich hier im Frühling?"

Johanna kommt nicht dazu, sich weiter zu wundern, denn Frau Bachmeier fährt in einem

Wortschwall fort: „Warten Sie nur, wenn erst die Tulpen blühen. Ein einziges buntes Blütenmeer! So, da wären wir."

„Aber das ist doch das Café. Was haben Sie mit mir vor?"

Frau Bachmeier öffnet die Tür und schiebt ihre Patientin wortlos hinein.

Schon ertönt *Viel Glück und viel Segen auf all deinen Wegen, Gesundheit und Frohsinn sei auch mit dabei.*

Johanna bleibt wie angewurzelt stehen.

Frau Bachmeier rückt ihr schnell einen Stuhl zurecht. „Setzen Sie sich erst einmal", flüstert sie ihr zu.

Das überrumpelte Geburtstagskind blickt in die Runde und entdeckt ihre Patentochter Nele. Sie ist tatsächlich gekommen!

Kaum ist der letzte Akkord verklungen, ruft ihre Nichte: „Und jetzt *Happy Birthday to you* – auf Deutsch. Den alten Kanon von eben kennen die Jungen doch gar nicht mehr."

Neles Kinder Emely und Nico, immerhin schon dreiundzwanzig und neunzehn, grinsen verstohlen, mischen sich aber bereitwillig in den Chor der Gratulanten: *Zum Geburtstag viel Glück, zum Geburtstag, liebe Hanna, zum Geburtstag viel Glück!*

Als anschließend alle Gäste klatschen, eilt Nele auf ihre Patin zu und führt sie behutsam an den Ehrenplatz am Kopf der festlich gedeckten Kaffeetafel. „Wir wissen schon, liebe Tante, dass du keinen Rummel an deinem Geburtstag magst."

„Wie wahr", grummelt Johanna zum Schein. „Und was macht ihr dann alle hier?"

„Heute ist eine Ausnahme. Wir sind so froh, dass du deinen Unfall gut überstanden hast. Da musst du dich ausnahmsweise einmal fügen und mit uns feiern."

Johanna nickt ergeben und genießt das Fest in vollen Zügen. Dass Emely und Nico gekommen sind, freut sie ganz besonders. Sie gehört wohl doch noch nicht zum alten Eisen, wenn sogar die Jugend an sie denkt.

Rosemarie aber strahlt. Die Überraschung ist ihr perfekt gelungen. Sie hat fast die ganze Familie zusammengetrommelt: Die Gratulanten reihen sich in einer Schlange von einem langen Tischende bis zum anderen.

Nach der Verwandtschaft tritt eine ältere Dame an sie heran.

„Das gibt's doch nicht. Bist du es wirklich, Renate?" Johanna versucht aufzustehen, aber ihre Freundin drückt sie sanft nieder. „Bleib sitzen, altes Haus! Und lass dich umarmen. Du schaust ja schon wieder ganz munter aus. Dachte ich mir's doch, dass du dich nicht so leicht unterkriegen lässt!"

„Meinst du? Die letzten Wochen hatte ich da so meine Zweifel."

„Dann wünsche ich dir vor allem deinen alten Optimismus zurück."

Als Letzte tritt nun die Physiotherapeutin mit einem schelmischen Lächeln an den Ehrenplatz. „Ich hoffe, Sie entschuldigen mein Flunkern und nehmen meinen Glückwunsch trotzdem an."

„Na klar, Frau Bachmeier. Aber schwindeln können Sie nicht schlecht, das muss ich Ihnen zugestehen."

Nach all dem Händeschütteln und Umarmen will Johanna die zahlreichen Geschenke auf dem Nebentisch auspacken.

Aber Rosemarie übernimmt wie gewohnt das Kommando. Sie winkt der Bedienung, die schon auf ein Zeichen gewartet hat und nun eine reich verzierte Mocca-Sahne-Torte auf den Tisch stellt.

Johanna kann sich ein „Mmh, lecker!" nicht verkneifen. Ihre Lieblingstorte! Beherzt schneidet sie das Prachtstück an und überlässt das Weitere dann gerne der freundlichen Kellnerin.

Kaum sind alle mit Kaffee, Tee und Kuchen versorgt, steht Neles Mann Thomas auf und hält eine kleine Rede auf das Geburtstagskind. Er endet mit den Worten, es sei ihnen allen heute eine Herzensangelegenheit gewesen, sich Zeit für sie zu nehmen. Er hebt seine Kaffeetasse und stimmt gutgelaunt ein *Hoch soll sie leben*! an.

Da wischt sich Johanna verstohlen ein paar Tränen weg und bittet um ein zweites Stück Torte.

Als die ersten Gäste gehen wollen, erhebt sie ihre Stimme: „Bevor ihr jetzt einer nach dem anderen aufbrecht, will ich mich ganz herzlich bedanken. Ihr habt mir mit dieser Überraschung eine große Freude gemacht.“ Sie räuspert sich verlegen und fährt leiser fort: „Und dir, Rosi, danke ich ganz besonders.“

Mit vollem Mund

Johanna schaut auf die Uhr. Ihre Schwester hat sie noch nie warten lassen. Hoffentlich ist ihr nichts passiert.

Die beiden hatten sich verabredet, um zusammen einiges fürs Abendessen zu besorgen. Fünf Minuten wartet sie noch, dann macht sie sich auf den Weg zur Grundschule, nur ein paar Häuser weiter um die Ecke.

Seit Johanna sich im *Lindenhof* von Krankenhaus und Reha erholt, erlebt sie immer wieder, wie sie ihr Bild von Rosemarie korrigieren muss. Niemals wäre sie zum Beispiel auf die Idee gekommen, dass diese sich einmal mit fremden Kindern beschäftigen würde. Aber jetzt erzählt sie immer wieder mit glänzenden Augen von Leila, Achmed und Kamila, ihren Lesepatenkindern. „Du kannst dir gar nicht vorstellen, wie eifrig sie lernen. Und höflich sind sie auch! Sagen Danke und Bitte, tragen mir die Tasche und halten mir die Türe auf. Alles ganz von selbst!"

So schnell es eben geht, hinkt Johanna Richtung Schule. Schon von weitem entdeckt sie

Rosemarie am Schulhoftor, umringt von ihren Schützlingen. Jedes Kind schleckt andächtig ein Eis. Johanna stellt sich stumm daneben und sieht abwechselnd die schwarzhaarigen Kinder und ihre sichtlich verjüngte Schwester an. Wie vergnügt alle miteinander sind! Da kann auch sie nicht länger wegen Rosemaries Verspätung böse sein und sagt: „Es ist kurz vor eins. Habt ihr heute die Zeit vergessen?“

Die Kinder beginnen aufgeregt, auf sie einzureden: „Oma schluckt!“ – „Nix Luft!“ – „Kopf rot“ – „Viel Angst!“

„Oje, was ist passiert?“, ruft Johanna dazwischen.

Aber schneller, als Rosemarie antworten kann, erklärt der neunjährige Achmed eifrig: „Alles gut. Oma beinah’ ’stickt, aber wieder gesund.“

„Rosi!“

„Mach dir keine Sorgen, Schwesterherz. Alles ist wieder gut.“ Rosemarie verabschiedet sich von den Kindern und hakt sich bei Johanna unter. „Komm, jetzt gehen wir wie geplant einkaufen und auf dem Weg dorthin berichte ich dir, was gewesen ist.

Heute habe ich für den Schluss der Lesestunde Schokokekse mitgebracht. Als das erste Kind, Leila, mit dem Lesen dran war, hat sie schnell nach einem gegriffen und wollte ihn schon in den Mund stecken. ‚Leila, erst nachher‘, habe ich sie ermahnt. ‚Außerdem: Mit vollem Mund spricht man nicht!' Artig hat sie den Keks zurückgelegt und stockend angefangen, die ersten fünf Zeilen zu lesen.

Als Nächste war Kamila an der Reihe. Sie ist schon zehn, liest langsam und leise, aber schon beinahe fließend.

Achmed war nicht so ganz bei der Sache: ‚Wann vorbei?', fragte er mich, bevor er mit seinem Vortrag begann. Er würde nach Schulschluss natürlich lieber Fußball spielen als lesen. Aber auch ihn konnte ich motivieren: ‚Du willst sicher verstehen, was euer Trainer sagt', habe ich zu ihm gesagt. ‚Außerdem hab ich deiner Lehrerin gesagt, dass …'

Doch der Rest blieb mir in der Kehle stecken, denn ich hatte mir nebenbei einen Keks in den Mund gesteckt und musste plötzlich würgen und husten. Ich habe gekeucht und um Luft gerungen, die Tränen sind mir übers Gesicht gelaufen. Da ist Achmed aufgesprungen und hinausgerannt.

Währenddessen hat Leila immer wieder mit dem Finger auf meine Schulter und dann nach unten gezeigt. ‚Hauen!', hat sie mehrmals gerufen. Also habe ich mich vornübergebeugt und die Kleine hat mir mit aller Kraft auf den Rücken geklopft.

Kamila hat meine Hand gestreichelt und beschwörend geflüstert: ‚Wird alles gut, Oma Rosi.'

Da sprang die Tür auf. Achmed hatte den Hausmeister geholt. Dieser muss mein pfeifendes Atemgeräusch bemerkt haben und wollte eben sein Handy zücken, um den Notruf zu wählen. Da richtete ich mich wieder auf und krächzte: ‚Halt, Herr Schütz! Ich hab mich nur verschluckt.'"

„Die Kinder haben dir helfen können?", fragt Johanna ungläubig.

„Ja, stell dir vor! Sie sind ein Geschenk des Himmels. Mit vereinten Kräften haben sie mich wiederhergestellt."

„Dann ist der Hausmeister gegangen und ihr habt euch wieder über die Bücher hergemacht, als sei nichts gewesen? Am Ende habt ihr euch auch noch in aller Seelenruhe ein Eis gegönnt und mich warten lassen", fährt Johanna fast ein wenig beleidigt fort.

„Nein! Wo denkst du hin. Herr Schütz hat Achmed anerkennend auf die Schulter geklopft und den Mädchen freundlich zugewunken. Als er fast schon an der Tür war, habe ich ihm mit einem Zehner in der Hand nachgerufen: ‚In Ihrer Tiefkühltruhe ist bestimmt für jeden ein kleines Dankeschön, Herr Schütz. Darf ich Sie darum bitten?'

Bis der Hausmeister mit den Eistüten zurück war, räumten die Kinder ihre Sachen zusammen. Achmed, dieses Schlitzohr, konnte es sich aber nicht verkneifen, mich aufzuziehen: ‚Nimmer sprechen mit vollem Mund, Oma Rosi!‘“

Der kranke Nachbar

Jeden zweiten Donnerstagabend geht Rosemarie in den kleinen Saal der Seniorenresidenz zur Chorprobe. Heute schaut sie danach noch auf einen Sprung bei ihrer jüngeren Schwester vorbei. Sie reißt die Zimmertür auf und trällert Johanna entgegen: „*Die gold'nen Sternlein prangen am Himmel hell und klar …*"

„Dir geht es aber heute gut, Rosi. Hast du was Schönes erlebt?"

„Du weißt doch: Alle vierzehn Tage kommt ein Chorleiter zu uns in den *Lindenhof*."

„Und? Schaut er gut aus?"

„Also, was du wieder denkst!"

„Bitte. So ein junger Mann bringt eben alte Damen in Schwung. Und was macht ihr da so?"

„Wir singen mehrstimmig! Nicht, dass du denkst, unser Seniorenchor wäre niveaulos."

Johanna grinst. „Aber doch nicht, wenn *du* dabei bist. Du hast von klein auf im Kirchenchor gesungen und konntest sogar die Stimme halten, wenn ich dir falsch ins Ohr gekräht habe."

„Jedenfalls üben wir jetzt für das Sommerfest

Ende Juni. Schade nur, dass wir zu wenig Männer haben."

„Da müsste schon eine fesche Dame den Chor leiten", spöttelt Johanna weiter.

„Jetzt hör aber mal auf. Mir geht's um die Musik, nicht um die Männer."

„Da bin ich ja mal gespannt auf den Auftritt eures Altdamen-Ensembles."

„Du bist und bleibst unmöglich, Hanna. Aber weißt du, was mir heute Abend wieder eingefallen ist?"

„Was denn?"

„Herr Vogel hat uns ganz zum Schluss *Der Mond ist aufgegangen* summen lassen. Das Lied kennen alle und es hat eine bequeme Mittellage."

Johanna rollt mit den Augäpfeln. So genau will sie es nun auch wieder nicht wissen.

Aber Rosemarie fährt ungerührt fort: „Ich habe vorhin mitten unterm Singen an eine alte Geschichte mit dir denken müssen. Kannst du dich noch an Herrn Kleinert erinnern?"

„Klar. Das war doch unser Nachbar."

„Also pass auf: Mama hat uns doch mal in den Pfingstferien in den Garten geschickt, wo sie uns vom Küchenfenster aus sehen konnte. Ich habe in meinem eigenen Beet herumhantiert und du bist deinem neuen Ball hinterhergerannt."

„Ja, das war ein ganz besonders schöner: wie ein Fliegenpilz, rot mit weißen Flecken."

„Du hast ausprobiert, wie weit du werfen kannst. Mit einem Mal ist der Ball im Garten der Kleinerts gelandet. Da hast du dich an den Zaun geklammert und sehnsüchtig hinübergeschaut. Du warst den Tränen nahe, meine Liebe, aber du hast mich nicht gefragt, ob ich dir helfe."

Johanna wird ungeduldig. „Was hat denn diese alte Geschichte mit eurem Chor von heute zu tun? Oder mit dem Lied vom Mond?"

„Warte, das kommt gleich: Der Nachbar war gerade dabei, die ersten Erdbeeren zu ernten.

‚Guten Morgen', hast du zaghaft gerufen.

‚Hallo, Hanna! Bist du heute gar nicht im Kindergarten?', wollte Herr Kleinert wissen.

‚Wir haben Ferien.'

‚Und was ist daran so schlimm, dass du gleich weinen musst?', hat er gefragt.

‚Mein Ball, mein neuer Ball – er ist einfach zu dir rübergehüpft.'

‚Aha, das haben wir gleich. Wo liegt er denn?'

‚Da, in der Hecke. Ich glaube, du stehst genau davor.'

Lachend hat er sich gebückt und dir den Ball zurückgegeben."

Johanna unterbricht ihre Schwester. „Jetzt weiß ich immer noch nicht, was mein Ball mit dem Mond zu tun hat."

Aber die Ältere lässt sich nicht aus dem Konzept bringen: „Du hast dich bedankt, dann aber nicht weitergespielt, sondern bist am Zaun stehen geblieben.

‚Hast du noch was auf dem Herzen?', hat dich Herr Kleinert gefragt.

‚Warst du gestern krank?', wolltest du wissen.

‚Wie kommst du denn darauf?'

‚Weil wir gestern Abend für dich gesungen haben.'

‚So? Was für ein Lied war das denn?'

‚Mama hat mit uns gesungen: *Und lass uns ruhig schlafen und unsern kranken Nachbarn auch.*'

Da hat Herr Kleinert gelacht. ‚Ach, die letzte Strophe von *Der Mond ist aufgegangen*! Das mit der Krankheit ist aber eher allgemein gedacht.'

‚Wie allgemein?'

‚Na, ich denke, wenn irgendein Mensch in der Nachbarschaft krank ist, soll der liebe Gott ihn trotzdem gut schlafen lassen.'

‚Dann warst gar nicht *du* damit gemeint?'

‚Mach dir keine Gedanken, Hanna. Du siehst, ich bin kerngesund. Wahrscheinlich, weil du für mich gesungen hast.'

Aber so ganz zufrieden warst du mit dieser Erklärung nicht. Darum hat Herr Kleinert gesagt: ‚Du kannst das Lied doch umdichten, wenn es dir so nicht gefällt.'

Das haben wir zwei dann auch gemeinsam gemacht. Wir haben aus dem *kranken* Nachbarn einen *guten*, einen *braven*, einen *gesunden*, sogar einen *netten* Nachbarn gemacht. Dann ist uns eingefallen, dass Mama immer meinte: ‚Herr Kleinert ist patent.' Patent war uns aber zu holprig. Am Ende haben wir uns geeinigt auf …"

„Ich hab's!", unterbricht Johanna sie lachend. „… und unsern *lieben* Nachbarn auch! Stimmt's? Komm, lass uns das Lied nach so langer Zeit wieder einmal gemeinsam singen."

Da stimmt Rosemarie mit ihrem warmen Alt *Der Mond ist aufgegangen* an und lässt sich auch nicht drausbringen, als die jüngere Schwester mit einem ganz anderen Ton einfällt.

Mamas Silber

Rosemarie sitzt beim Frühstück. Sie liebt diese frühe Stunde, wo sie im Morgenrock in aller Ruhe ihren Kaffee trinken und ein Toastbrot mit Schinken essen kann, ohne – wie früher – durch Kindergeschrei und Hausfrauenpflichten gestört zu werden.

Wie jedes Mal will sie sich danach noch einen Fruchtjoghurt genehmigen. Sie reißt den Aludeckel ab und möchte nach dem Löffel greifen. „Oh“, entfährt es ihr, „den hab ich vergessen aufzudecken.“

Sie sucht in der Besteckschublade, wo eigentlich ihre silbernen Teelöffel liegen sollten. Dort sind sie aber nicht. Sie kramt bei den Suppenlöffeln, den Gabeln, den Messern. Weit und breit kein kleiner Löffel. Sie stutzt. Wo können die nur hingekommen sein?

Sie kehrt zum Tisch zurück und starrt in den Joghurtbecher. Das Wasser läuft ihr im Mund zusammen. Also holt sie sich einen Suppenlöffel und lässt sich die sahnig-cremige Masse mit Erdbeerstückchen auf der Zunge zergehen. Immer wieder schüttelt sie den Kopf und rügt sich selbst:

Man isst doch Joghurt nicht mit einem großen Löffel! Die Hälfte lässt sie übrig. Der Appetit ist ihr vergangen und in ihrem Kopf macht sich gerade ein Verdacht breit – aber sie will niemanden vorschnell verdächtigen. Deshalb fängt sie noch einmal gründlich zu suchen an.

Sie leert die Besteckschublade auf die Arbeitsplatte und wischt sie feucht aus. Dann legt sie jedes Teil ordentlich an seinen Platz zurück, aber kein einziger Silberlöffel kommt zum Vorschein. Sie räumt das Geschirr aus dem Küchenschrank – es kann ja mal passieren, dass man aus Versehen was verlegt. Aber nichts!

Mit fahrigen Bewegungen stellt sie zunächst die Teller zurück, dann die Tassen. Da fällt ihr eine Tasse aus der Hand – eine von den alten mit Rosenmuster – und zerspringt auf den Küchenfliesen. „Zum Kuckuck!", ruft sie. „Auch das noch!"

Stöhnend holt sie Schaufel und Besen unter der Spüle hervor. Gerade ist sie dabei, die Scherben aufzukehren, da klopft es. Mühsam richtet sie sich auf, lässt alles liegen und stehen und öffnet die Tür. Es ist Hanna, wer sonst!

„*Du* warst es!", giftet sie ihre verdutzte Schwester an.

Johanna bleibt wie angewurzelt stehen und schaut die Ältere entgeistert an. Nach ein paar Sekunden fängt sie sich wieder, atmet durch und wünscht Rosemarie behutsam einen guten Morgen.

„Den hast du mir gründlich verdorben“, schimpft diese weiter.

„Darf ich vielleicht erst einmal reinkommen?“, fragt Johanna noch immer ruhig.

„Schau dir nur den Schlamassel an.“

„Oh. – Was ist denn hier passiert?“

Der Tisch nicht abgeräumt, der Fußboden übersät mit Scherben, die Türen der Oberschränke offen, Gläser und Schüsseln auf der Arbeitsplatte, und mittendrin ringt Rosemarie – nur mit einem Bademantel bekleidet – die Hände und kreischt: „Alle gestohlen! Alle gestohlen!“

„Jetzt setz dich doch hin und beruhige dich.“

„Erst kehre ich die Scherben weg. Du kannst das ja noch nicht mit deinem kaputten Bein. Außerdem bin ich gewohnt, Ordnung zu machen – ganz im Gegensatz zu dir.“

Johanna schluckt ihren aufkeimenden Ärger hinunter. Stimmt, normalerweise ist in Rosis Zimmer alles picobello. Sie hört noch immer Mamas mahnende Stimme: Hanna, nimm dir ein Beispiel an deiner großen Schwester!

Aber heute ist nichts wie immer.

„Lass mich das machen, du kannst das nicht“, zetert Rosemarie, als Johanna anfängt, Schüsseln in den Schrank zu räumen.

Da explodiert Johanna. „Jetzt reicht’s! Setz

dich hin und sag mir, was in dich gefahren ist – oder ich bin auf der Stelle weg."

Verdattert lässt sich die Ältere auf einen Stuhl fallen und fängt an zu schluchzen: „Ich bin so enttäuscht von dir. Niemals hätte ich dir das zugetraut."

Johanna baut sich vor ihr auf. „Was denn um Himmels willen? Sag endlich, was ich verbrochen habe!"

„*Du* warst es. Du hast mir Mamas silberne Löffel geklaut!"

„Wie bitte? Ich soll was? Du hast sie doch nicht mehr alle!"

„Das musst du gewesen sein! Weil du schon immer neidisch warst, dass ich Mamas Tafelsilber geerbt habe."

„Das ist doch lächerlich." Johanna ringt um Fassung und fährt ruhiger fort: „Du weißt genau, dass ich gar keinen Wert auf einen perfekten Haushalt lege. Und außerdem gefällt mir der Kram sowieso nicht."

„Mamas wertvolles Besteck machst du mir nicht madig!" Rosemarie fuchtelt mit dem Suppenlöffel herum. Dann lässt sie ihn plötzlich fallen und schlägt mit der Faust auf den Tisch. „Du sagst mir jetzt auf der Stelle, wo du die Löffel hast!"

Noch nie hat Johanna ihre Schwester so außer sich erlebt. Sie versucht es noch einmal mit sanfter Stimme: „So beruhige dich doch, Rosi! Lass mich einfach in Ruhe suchen. Aber zuerst räume ich den Tisch ab und spüle das Geschirr."

Rosemarie weint leise vor sich hin.

Mit ein paar Handgriffen verstaut Johanna Butter, Schinken und Toastbrot im Kühlschrank, stellt Geschirr und Besteck neben die Spüle. „Was soll ich mit dem Joghurt machen? Isst du den noch?"

„Nein, weg damit!"

Johanna öffnet den Abfalleimer. „Ach, was haben wir denn da?" Sie zieht einen Joghurtbecher heraus, in dem ein kleiner Löffel steckt.

Wie von der Tarantel gestochen fährt Rosemarie hoch. „Was macht der denn da?"

„Den wirst du wohl selber in den Becher gesteckt und dann vergessen haben."

„Nein, niemals! Ich hüte Mamas Besteck wie meinen Augapfel."

„Dann wird es wohl der Pumuckl gewesen sein."

„Jetzt werd' bloß nicht albern!"

Johanna lässt sich nicht beirren. Sie stochert zielstrebig im Mülleimer herum und zaubert nacheinander drei Plastikbecher hervor. In jedem von ihnen steckt, halb verdeckt von der Alufolie, ein Silberlöffel.

„Eins, zwei, drei und vier, alle wieder hier", trällert Johanna die Tonleiter rauf und runter. Sie spült die Ausreißer unter heißem Wasser, trocknet sie und legt sie auf den Tisch. „Schau mal, wie sie glänzen. Eigentlich sind sie wunderschön. So zierlich und handlich."

Rosemarie ringt nach Worten. „Wie ... wie ... wie ist das möglich? Ich fasse es nicht."

„Freu dich, dass wir das Rätsel gelöst haben!" Johanna nimmt ihre Schwester in den Arm und fragt lachend: „Alles wieder gut?"

„Gott sei Dank. Ich bin froh, dass ich nicht mehr auf dich böse sein muss."

„Vergiss es einfach, Schwesterherz!"

Am nächsten Morgen leuchten Rosemarie bunte Plastiklöffel in der Besteckschublade entgegen. Die silbernen Lieblinge liegen daneben. Johanna hat sie mit einer roten Schleife zusammengebunden.

Heimlichkeiten

Ein strahlend blauer Himmel mit nur wenigen Schönwetterwolken hat die Schwestern zum gemütlichen Nachmittagskaffee auf Rosemaries Balkon gelockt. Vor ihnen, auf dem Tisch mit der geblümten Leinendecke, prangt für jede ein großes Stück Erdbeertorte mit reichlich Sahne.

Johanna will gerade genüsslich ihre Tasse zum Mund führen, als Rosemarie aufspringt. „Moment! Der Zucker fehlt." Schon ist sie in ihrer kleinen Küche und auch gleich wieder zurück.

Die Jüngere staunt: „Für deine achzig Jahre bist du eigentlich noch ziemlich beweglich!"

„Ja, was glaubst du denn?"

„Und das trotz Sahne und Kuchen und Zucker im Kaffee!", wundert sich Johanna.

Rosemarie strahlt. „Willst du mein Geheimnis wissen?", fragt sie und wartet die Antwort erst gar nicht ab. „Tanzen, meine Liebe! Und zwar regelmäßig."

Johanna grinst. „Das bisschen Kreistanz für Senioren im Schneckentempo?"

„Mach dich nur lustig über mich. Selbst das

würde etwas bringen. Aber das habe ich gar nicht gemeint."

„Was sonst? Früher, ja, da warst du gut in Form, als dein Hermann mit dir noch jeden Sonntagnachmittag auf dem Parkett verbracht hat. Aber jetzt?"

„Na ja, nach dem Trauerjahr habe ich wieder mit dem Tanzen angefangen."

„Ich fasse es nicht: Meine brave, fromme Schwester geht wieder tanzen. Und das auf ihre alten Tage! Erzähl, wer ist der Glückliche?"

„Wie bitte?"

„Ich meine, so ganz allein wirst du da kaum hingehen."

„Natürlich nicht! Jeden ersten und dritten Sonntag im Monat bringt mich Herr Schwarz ins Kulturforum der Stadt. Du weißt schon: der nette Taxifahrer, der dich am ersten Tag vom Bahnhof abgeholt hat."

„Und weiter?" Johanna macht es sichtlich Spaß, ihre Schwester ein wenig aufzuziehen. „Wie ist er so? Knistert's da zwischen euch?"

„Quatsch. Er hat mir nur irgendwann erzählt, dass er früher auch gern getanzt hat. Da haben wir uns eben zusammengetan."

„Dachte ich mir's doch …"

„Unsinn! Er kann tanzen, ist charmant und hat Manieren, das ist alles."

„Und warum habe ich davon nichts mitbekommen? Wart ihr etwa heimlich aus?", frotzelt die Jüngere weiter.

„Ach, Hannalein. Seit du hier bist, will ich dich doch sonntags nicht allein lassen. Aber jetzt, wo du dich ja schon so gut eingelebt hast, geht's wieder los. Jetzt lasse ich mir meine Tanzstunden nicht mehr nehmen."

„Oje, wenn ich das Wort *Tanzstunde* nur höre!", seufzt Johanna. „Ich erinnere mich noch genau, wie du damals deinen Tanzkurs gemacht hast. Das war vielleicht ein Zirkus."

„Wieso Zirkus?"

„Stundenlang bist du vor dem Spiegel gestanden, hast ein Kleid nach dem anderen aus dem Schrank gezogen und keines war dir recht. Sogar noch zehn Minuten, bevor dein Milchknabe geklingelt hat."

„Den *Milchknaben* verbitte ich mir aber! Hermann war mein Tanzstundenherr."

„Also, zehn Minuten, bevor dein *Tanzstundenherr* geklingelt hat, hast du immer noch nicht gewusst, was du anziehen sollst. Jeden Dienstagabend aufs Neue hat Mama die Prozedur abkürzen müssen und dir irgendein Kleid hingehalten. ‚Wenn du das jetzt nicht anziehst, kannst du heute im Unterrock zur Tanzstunde gehen', hat sie gesagt und die vielen Klamotten alle vom Bett wieder in den Schrank geräumt."

„Jetzt übertreib mal nicht so, Hanna!"

„Und dann hast du das ganze Bad mit Haarspray eingenebelt, sodass man kaum noch atmen konnte!"

„*Flüssiges Haarnetz* nannte man das in den Fünfzigern."

Johanna amüsiert sich prächtig auf Kosten ihrer Schwester. „Mit so einem Netz wolltet ihr also die hoch toupierte Haarpracht zu einem Fels in der Brandung machen."

Da muss auch Rosemarie lachen. „Was hatten wir aber auch für aufgetürmte Frisuren! Nur leider hat Mama mir nicht erlaubt, die Haare wie Marilyn Monroe platinblond zu färben. Da half kein Bitten und kein Betteln. Was sollten denn die Leute denken!"

„Ja, ja, so war sie, unsere Mama", wirft Johanna ein.

„Konservativ bis in die Knochen."

„Um deine hochhackigen Lackschuhe allerdings habe ich dich beneidet. Manchmal bin ich heimlich damit im Zimmer herumstolziert ..."

„... bis ich dich erwischt habe! Die schwarzen Stöckelschuhe waren mein ganzer Stolz. Ich habe sie dann versteckt aus Angst, dass du sie mir ruinierst."

„Weißt du noch, Rosi, dass ich dich immer von oben bis unten mustern musste, kurz bevor dein Galan endlich kam? Ob der Petticoat vorschaut, ob deine Strumpfnähte kerzengerade sind. Da warst du so was von pingelig."

„Du solltest eigentlich wissen, wer mein *Galan* war, wie du ihn so abschätzig nennst. Ich könnte jetzt ganz schön beleidigt sein."

„Oh, das wollte ich nicht. Natürlich weiß ich, dass es dein späterer Göttergatte Hermann war, der dir damals schon den Kopf verdreht hat. Du hast wirklich ein bisschen gesponnen, so als Backfisch."

„Du hast doch gar nicht mitgekriegt, wie das wirklich war. Und Mama und Papa haben auch herzlich wenig Ahnung gehabt, was wir da so getrieben haben.

Am ersten Abend saßen wir Mädchen brav aufgereiht auf der Bank an einer Wand des Tanzsaals und die Jungen gegenüber an der anderen Wand. Sie musterten uns von oben bis unten. Ich kam mir vor wie ein Stück Vieh, das auf seinen Verkaufswert hin taxiert wird.

Dann wurden sie auf uns losgelassen und wer am schnellsten war, ergatterte die Begehrteste. ‚O Gott', dachte ich nur, ‚wenn mich jetzt keiner haben will und ich als Mauerblümchen übrig bleibe!' Aber bevor mir mein Herz in die Hosen rutschte …"

„Mädchen haben doch damals noch keine Hosen getragen, und zur Tanzstunde schon gar nicht!", platzt Johanna dazwischen.

„So sagt man halt. Also, wo war ich?“

„Bei dem Herz in der Hose des Mauerblümchens.“

Rosemarie schickt ihrer Schwester einen strafenden Blick. „Willst du jetzt zuhören oder mich ärgern?“

„Erzähl weiter.“

„Meine Sorge war vollkommen unbegründet. Hermann war damals noch ein schlanker junger Mann, einen Kopf größer als ich, und er hatte noch sein volles braunes Haar. Er kam auf mich zu, verneigte sich höflich vor mir und fragte: ‚Darf ich bitten?‘“

Johanna prustet los.

Aber Rosie erzählt gedankenverloren weiter:

„Dann reichte er mir seinen Arm und wir reihten uns hinter den anderen Tanzpaaren ein. Hermann hatte schon damals sein leicht spöttisches Grinsen, als wollte er sagen: So ernst muss man das nicht nehmen.“

„Aber du hast sicher alles ganz brav und gewissenhaft gemacht, was die Tanzlehrer von dir verlangt haben, oder?“

„Ach Hanna, was hast du nur für ein Bild von mir! Wir waren jung, ich war sechzehn, er siebzehn. Von der ersten Stunde an hat mir Hermann gefallen.“

„Aber allein seinetwegen bist du ja wohl kaum hingegangen.“

„Was das Tanzlehrerpaar verlangte, war Nebensache. All das Knicksen, Verneigen, all die Regeln, wie man sich auf dem Parkett zu benehmen hat, habe ich mechanisch befolgt. Meine Augen hingen nur an Hermann, den das Ambiente und die Benimmregeln vor allem belustigten."

„Jetzt gibst du aber selber zu, dass Tanzkurse etwas schrecklich Spießiges waren."

„Ja, natürlich! Aber Mama meinte, etwas Schliff könnte ihren Töchtern nicht schaden. Nur hat sie bei dir, meine Liebe, auf Granit gebissen."

„Allerdings, sie tut mir heute noch leid. Aber weiter mit eurem Tanzkurs, Rosi!"

„Wenn ich mich recht erinnere, dauerte der Kurs ein knappes halbes Jahr. Aber in der vierten Stunde wurde uns das Ganze langweilig. Als mich Hermann das nächste Mal wie immer abholte …"

„Du bist nie allein gegangen?", unterbricht sie Johanna.

„Es gehörte zum guten Ton, dass der Herr seine Dame zu Hause abholt und sie wohlbehalten wieder heimbringt. Aber jetzt unterbrich mich doch nicht dauernd.

Also, Hermann führte an diesem Tag Ungeheuerliches im Schilde. Schon nach der ersten Straßenecke blieb er stehen und verkündete: ‚Heute habe ich keine Lust, den schönen Abend mit dem Tanzkurs zu verschwenden. Weißt du was? Lass uns heute spazieren gehen.‘ Er nahm meine Hand und wollte mich schon in die andere Richtung ziehen.“

„Das hätte ich ihm niemals zugetraut, und dir erst recht nicht!“

„Natürlich protestierte ich zuerst und sagte zu ihm: ‚Wenn uns jemand sieht und unsere Eltern das erfahren. Außerdem muss man sich entschuldigen.‘ Aber Hermann verschloss meinen Mund mit einem scheuen, aber immerhin unserem ersten, Kuss.“

„Rosi!“

„Wir beschlossen dann, erst einmal fast bis zur Tanzschule zu laufen, ganz normal und brav nebeneinander her, so wie immer. Kurz vor dem Gebäude führte links ein schmaler Weg, das Gänsgässchen, hinunter zum Bach. Erinnerst du dich?“

Johanna nickt schnell. „Und weiter?“

„Ja, *das* geht dich jetzt eigentlich gar nichts an. Wir sind dann eng umschlungen durch das Gänsgässchen zum Bach spaziert und über die kleine Holzbrücke zum anderen Ufer gegangen, wo ein kleiner Weg durch dichtes Gebüsch führt und uns keiner sehen konnte.“

„Und?“

„Nichts *und*! Wir waren pünktlich zu Hause. Kein Mensch hat etwas gemerkt. Du hast sowieso schon geschlafen.“

„Schade, ich hätte es dir bestimmt angesehen – jetzt weiß ich auch, warum du immer so ein Theater um dein Aussehen gemacht hast. Also Rosi, ich lerne dich von einer ganz neuen Seite kennen. Habt ihr das noch öfter gemacht?"

„Am liebsten hätten wir das jedes Mal gemacht, aber das ging natürlich nicht. Schließlich mussten wir doch die Tänze für das *Zwischenkränzchen* lernen."

Johanna runzelt fragend die Stirn.

„Ja, nach acht Abenden stieg so was wie eine Zwischenprüfung. Vor der fehlten wir nur noch ein Mal. Hermann entschuldigte sich wegen einer angeblichen Schulaufgabe und mich entschuldigte er telefonisch gleich mit, ich hätte eine schlimme Erkältung, und man glaubte ihm."

„Dass du fromme Seele schwindeln konntest." Johanna schüttelt schmunzelnd den Kopf. „Ich habe dich immer für den Inbegriff von Anstand gehalten."

„Also, *anständig* waren wir. Da ist nichts weiter vorgekommen, falls du das meinst."

Johanna wehrt mit beiden Händen ab. „*Ich* meine gar nichts! Ich bin nur gespannt, wie ihr das mit dem Zwischenkränzchen gedeichselt habt."

„Ich hatte die entscheidende Idee: Nachdem uns nun schon zwei Abende fehlten und wir die Tänze keineswegs beherrschten, gaben wir den Eltern gegenüber vor, wir wollten besonders gut sein, damit sie auch mit uns zufrieden sein könnten. Dazu müssten wir allerdings auch zu Hause üben."

„Das war eindeutig geflunkert."

„Mama leuchtete das sofort ein und Hermann gefiel ihr sowieso. Er besorgte die Schallplatten und wir funktionierten unser Wohnzimmer ein Mal wöchentlich zum Tanzsaal um, groß genug war es ja."

„Ja, ich kann mich erinnern. Ungewohnte Klänge zogen auf einmal durch unser Haus, das gefiel mir als Kind. Schmetterte damals nicht Vico Torriani sein berühmtes *Addio, Donna Gracia*? Peter Alexander jedenfalls sang sich in mein Herz mit *Ich küsse Ihre Hand, Madame* und anderen Schnulzen. Endlich einmal keine Volkslieder oder Kanons, die viel zu schwierig für mich waren."

„Kannst du dich auch noch an die Musik von Max Greger erinnern? Der war groß im Kommen mit seinem Sextett." Rosemarie trällert die ersten Takte eines Blues vor sich hin. „Blues haben wir wahnsinnig gern getanzt, und wenn Mama nicht in der Nähe war, natürlich eng umschlungen."

„Manchmal wart ihr aber auch ganz schön wild. Damals kam, glaube ich, gerade der Rock 'n' Roll auf."

„Nein, der kam erst ein paar Jahre später nach

Deutschland. Du meinst Boogie-Woogie und Swing. Dann hat Mama immer an die Tür geklopft und gerufen: ‚Muss das sein, dieses amerikanische Zeug?' Und wir haben gekontert: ‚Ja, das brauchen wir ganz dringend für den Abschlussball.'"

„Das war sicher auch geflunkert. Rosi, Rosi!"

Aber die Achtzigjährige kann gar nicht mehr aufhören zu schwärmen. „Nach dem Kränzchen gingen unsere privaten Tanzstunden natürlich weiter. Einmal", erinnert sie sich amüsiert, „hat uns Mama beim Tango zugesehen. Das war zwar keine verpönte Ami-Musik, aber sie meinte, ob wir nicht mal was Vernünftiges tanzen könnten, wie den Wiener Walzer, aber ohne diese unmöglichen Verrenkungen."

Johanna fängt plötzlich an, den Fuß des gesunden Beins rhythmisch zu bewegen. „Oh, ich glaube, ich habe die Musik noch im Ohr. *Diesen Tango tanz ich nur mit dir.*"

„Das ist doch Theo Lingen!", ruft Rosemarie entzückt.

„Aber sag bloß, ihr seid mit euren Spaziergängen nie aufgeflogen!"

„Nein! Wir waren so verliebt und fest entschlossen, uns nichts anmerken zu lassen! Meine Knutschflecken habe ich immer schön unter dem Rollkragen verborgen."

„Aber die Tanzlehrer, haben die sich nicht beschwert, weil ihr so oft gefehlt habt?"

„Sie konnten nichts sagen, weil wir die Tänze letztlich perfekt beherrscht haben. Was Hermann sich jeweils als Entschuldigung einfallen ließ, weiß ich nicht. Aber du hast ihn ja gekannt. Er hatte eine Gabe, Leute um den Finger zu wickeln."

Der Kaffee ist inzwischen kalt geworden, aber die Erdbeertorte schmeckt auch mit zerlaufener Sahne.

Johanna sieht ihre Schwester immer noch fassungslos an. „Rosi, ich bin baff. Heute hast du mein Bild von dir völlig auf den Kopf gestellt."

Früh übt sich, wer ein Meister werden will

Rosemarie zieht einige Röcke und Blusen aus dem Schrank und breitet alles unschlüssig auf ihrem Bett vor Johanna aus. „Was soll ich denn nun am Sonntag anziehen?"

Die Jüngere mustert die guten Stücke mit fachmännischem Blick und zieht dann zielsicher eine seidig schimmernde elfenbeinfarbene Bluse heraus. „Todschick", findet sie. „Dazu den dunkelblauen Rock und für den Ausschnitt deine Lapislazuli-Kette. Herr Schwarz wird beim Tanztee Augen machen."

„Wie du das nur so schnell entscheiden kannst. Schon als Mädchen hast du genau gewusst, was dir gefällt."

„Oh ja! Aber mit uns beiden Kleider zu kaufen, war immer ein Drama. Ich hatte zwar immer bald gefunden, was ich wollte. Aber von dir kam bei jedem Teil, das man dir zeigte: ‚Nein, das nicht – das auch nicht – das ist doof …', bis Mama dir irgendetwas hinhielt und sagte: ‚Entweder das oder gar keins!'"

Mit einem Kopfnicken stimmt Rosemarie ihrer Schwester zu.

„Du und Mama“, fährt Johanna fort, „ihr wart ein Herz und eine Seele, aber in Sachen Mode wart ihr euch selten einig. Mama seufzte jedes Mal aufs Neue: ‚Das ist heute wieder eine Tortur!‘, und bei dir flossen die Tränen.“

Rosemarie rafft gedankenverloren ihre Seidentücher auf dem Bett zusammen und lässt sich auf das frei werdende Kopfkissen fallen. „Ich habe nie verstanden, warum du schon als kleines Mädchen so sicher in Kleiderfragen warst“, seufzt sie.

„Mir gefiel einfach alles, was aus Stoff oder Garn war und sich in meiner Hand gut anfühlte. Weißt du noch, wie gern ich im Kindergarten auf einem einfachen Webrahmen Fäden gespannt und bunte Wolle durchgezogen habe?“

„Du hast sogar einen Teppich für deine Puppenstube hingekriegt.“

Johanna strahlt. „In der Schule war Handarbeit dann gleich mein Lieblingsfach.“

„Dann erzähl’ ich jetzt mal, was *ich* vor mir sehe, wenn ich an den Handarbeitsunterricht denke:

In der zweiten Klasse haben wir Häkeln gelernt, was mir sehr viel Spaß gemacht hat. Von Luftmasche zu Luftmasche ist die Schnur immer gleichmäßiger geraten. Die Lehrerin hat mich gelobt, und ich habe glücklich alle paar Zentimeter mein Werk betrachtet."

„Genau so ist es mir auch ergangen", fällt Johanna ein. „Dann hast du dich bestimmt auch irgendwann gefragt, was man mit so langen Schnüren überhaupt anfangen soll."

„Also, *wir* durften zum Muttertag ein Einkaufsnetz häkeln. Da hieß es, sehr genau hinsehen und Maschen zählen, um jeweils in die richtige Masche einzustechen."

„Aber was machst du denn für ein unglückliches Gesicht? Das dürfte für dich doch kein Problem gewesen sein."

„Pass auf", fährt Rosemarie fort. „Mächtig stolz habe ich dann mein rotes Einkaufsnetz am Muttertag auf den Frühstückstisch gelegt. Ich hatte ihn liebevoll gedeckt mit einem Wiesenblumenstrauß."

„Ich verstehe deinen Gesichtsausdruck immer noch nicht."

„Ja, wenn du mich auch ständig unterbrichst, Hanna. Mama hat mich gelobt, weil ich für alle das Frühstück gemacht und einen so schönen Strauß gepflückt habe. Das Netz hat sie gar nicht wahrgenommen."

„Das gibt's doch gar nicht."

„Aber genau so war es! Irgendetwas hatte sie abgelenkt. Wahrscheinlich hast du geschrien oder hast am Tischtuch gezogen, was weiß ich, du warst ja erst zwei. Nach einer Weile hab ich mir ein Herz gefasst und gefragt: ‚Mama, hast du das Netz noch nicht gesehen?'"

„Und?"

„Ich könnte noch heute heulen, wenn ich daran denke. ‚Ach, noch so ein Netz', hat sie gesagt. ‚Jetzt hab ich drei von der Sorte, zwei von Oma und eins von dir.' Da bin ich in unser Kinderzimmer gerannt, hab mich aufs Bett geschmissen und ins Kopfkissen geschluchzt."

Betroffen flüstert Johanna – mehr zu sich selbst als zum Trost für ihre Schwester: „Manchmal war unsere Mama schon recht nüchtern."

„Kannst du dir vorstellen, dass mir von da an das Handarbeiten keine Freude mehr gemacht hat? Stricken, Nähen, Sticken – all das war für mich eine Qual. Note 3 oder auch Note 4, für mehr reichte es die ganze Schulzeit über nicht mehr. Wofür hätte ich mich auch anstrengen sollen?"

Johanna hängt stumm ein paar von Rosemaries Blusen auf den Bügel und streicht sie liebevoll glatt. „Mama hat auch *meine* Handarbeiten nie besonders gewürdigt", murmelt sie nach einer Weile. „Aber ich hatte eine Lehrerin, Fräulein Pelzig, die meinte irgendwann: ‚Hanna, du hast das Zeug zur Schneiderin. Streng dich nur weiter an!'"

„Und allein das hat gereicht, dass du am Ende Modedesignerin geworden bist?"

„Nein, Rosi“, entgegnet Johanna lachend. „Natürlich nicht. Aber es gab da noch etwas. Willst du die Geschichte hören?“

Die beiden Schwestern schieben Röcke, Blusen und Seidentücher beiseite, Johanna setzt sich neben Rosemarie aufs Bett und erzählt:

„Es muss in der achten Klasse gewesen sein. Auf dem Lehrplan stand Nähen. Ich freute mich riesig, als ich hörte, wir würden lernen, wie man eine Bluse näht. Das sei schon ziemlich anspruchsvoll, meinte Fräulein Pelzig, aber wir würden das schon schaffen. ‚Nicht wahr, Hanna?‘, fragte sie und zwinkerte mir zu. Sie sagte uns genau, welchen Stoff und wie viel davon wir besorgen sollten, die Auswahl der Farbe überließ sie uns.

Ich war in meinem Element! Die Schule hatte gerade die ersten elektrischen Nähmaschinen angeschafft und wir waren die Ersten, die darauf lernen durften. Für mich war das keine echte Herausforderung, aber Luise – du weißt schon, meine beste Freundin damals – kämpfte verbissen mit der neuen Technik. Immer wieder riss der Faden und musste neu aufgespult werden. Oder die Nähte wurden krumm. Dann hieß es: Wieder auftrennen. Luise war oft den Tränen nahe und Frau Pelzig war froh, wenn ich ihr dann weiterhalf, weil sie nicht bei allen gleichzeitig sein konnte. ‚Lass dir von Johanna helfen, die kann das‘, war ihre übliche Rede.“

Rosemarie nickt. „Wenn ich mich recht erinnere, habt ihr einmal sogar zu Hause an unserer mechanischen Nähmaschine geübt. Ich hatte mich nach einem anstrengenden Bürotag so auf unser gemütliches Wohnzimmer gefreut, aber beim Heimkommen hat mich fast der Schlag getroffen: Stoff- und Fadenreste lagen auf dem Fußboden, Schnittmuster, Schneiderkreide, Maßband, Schere, Stecknadeln wild durcheinander auf dem ausgezogenen Tisch verteilt."

„Rosi, wir haben nicht *geübt*. Wir mussten als Hausaufgabe Manschetten an die Ärmel nähen."

„Dann verstehe ich nicht, warum ihr damals so in heller Aufregung wart. Mitten in all dem Chaos stand deine Freundin in einer halb fertigen Bluse mit viel zu kurzen Ärmeln und einem Gesicht wie drei Tage Regenwetter."

„Dass du das noch weißt! Wir waren eben verzweifelt, weil wir gerade erst bemerkt hatten, dass an Luises Ärmeln mindestens acht Zentimeter fehlten."

„Wie konnte das passieren?"

„Na ja, irgendwie hatte sie sich beim Zuschneiden vertan."

„Aber dir ist dann doch bestimmt noch etwas eingefallen, Hanna."

„Klar! Als du wieder aus dem Wohnzimmer raus warst, schaute ich mir die missratene Bluse genauer an. Sie stand Luise ausgezeichnet, das

Hellblau passte perfekt zu ihren Augen. Aber anstückeln konnten wir die Ärmel nicht und wegwerfen wollten wir das gute Stück auch nicht. Für neue Ärmel reichte der Stoff nicht mehr und außerdem waren sie oben gut eingesetzt. Wir grübelten hin und her, bis ich mit einem Mal die rettende Idee hatte und rief: ‚Ich hab's! Wie wäre es, wenn wir die Ärmel durch lange Manschetten ausgleichen würden?'

Luise fiel mir um den Hals vor Erleichterung. Wir tanzten erst ausgelassen um den Tisch herum, dann machten wir uns an die Arbeit. Genauer gesagt, *ich* machte mich an die Arbeit. Luise brauchte ich nur zum Maßnehmen und Anprobieren."

„War eure Lehrerin mit dieser Lösung einverstanden? Ihr habt euch doch nicht an ihre Anweisung gehalten."

„Natürlich hatten wir Angst, dass Fräulein Pelzig schimpfen würde. Aber es gab einfach keine andere Lösung.

Als ich die Manschetten angeheftet hatte und wir Luise samt Bluse vor dem Spiegel musterten, waren wir begeistert. Wir fanden, dass es mit langen Manschetten viel schöner aussah als mit normalen Ärmeln und dass es egal wäre, was die Pelzig dazu sagen würde. Wir fanden es auf jeden Fall klasse.

Das Problem war nur: Mir hat Luises Bluse

nun besser gefallen als meine eigene. Also hab ich kurzerhand die Schere genommen und meine Ärmel abgeschnitten. Ich höre heute noch Luises entsetzten Schrei: ‚Um Gottes willen, Hanna, was machst du da?'"

„Und wie hat das dann die Handarbeitslehrerin aufgenommen?"

„Warte, das war noch nicht alles. Unsere Schnitte waren kerzengerade an den Seitennähten, weil wir ja Anfängerinnen waren. Aber so gefiel mir die Bluse nicht, sie musste auf Taille genäht werden. Ich steckte sie bei Luise ab, und es sah bezaubernd aus! Einen Augenblick zögerte ich, dann griff ich noch einmal zur Schere und besserte beide Blusen nach."

„Oh Gott, Hanna! Und wie lief es dann in der nächsten Handarbeitsstunde für euch?"

„Verschämt legte Luise ihre Bluse auf den Tisch und wagte kaum aufzublicken. Aber auch mein Herz klopfte gewaltig, als wir unsere Hausaufgabe zeigen sollten. Fräulein Pelzig warf einen kurzen Blick erst auf die eine, dann auf die andere Bluse. Dann sah sie mich fragend an. Ich versuchte, ein selbstbewusstes Gesicht zu machen, aber ich glaube nicht, dass mir das gelungen ist.

‚So lautete die Hausaufgabe aber nicht!', sagte sie streng.

Ich hielt den Atem an.

Daraufhin nahm sie meine Bluse in die Hand

und prüfte eingehend alle Nähte und die Knopflöcher an den Manschetten. ‚Saubere Arbeit', sagte sie schließlich. ‚Das muss man dir lassen, Hanna. Anziehen! Und du auch, Luise!'

Totenstill war es im Klassenzimmer, als sie uns nun von allen Seiten musterte. Es dauerte eine Ewigkeit.

Endlich erlöste sie uns: ‚Ehrlich gesagt, und ich sage es nicht gerne, ich bin – begeistert.'

Ein Aufatmen ging durch die Reihen. Dann klatschten unsere Kameradinnen und Frau Pelzig applaudierte schmunzelnd mit."

„Eine fähige Lehrerin", bemerkt Rosemarie anerkennend. „Mit der hast du wirklich Glück gehabt."

„Der Clou kommt noch. Am Ende des Schuljahres wurden wie immer die schönsten und kreativsten Werkstücke der verschiedenen Jahrgangsklassen ausgestellt. Und stell dir vor: Unsere beiden Blusen waren dabei!"

Gewissensbisse

Die Seniorenresidenz *Lindenhof* hat ihr schönstes Festtagskleid angelegt. In den Blumenrabatten schimmert es in allen Grüntönen, die den ersten Junitagen zur Verfügung stehen. Dazwischen leuchten blaue Iris, üppige Pfingstrosen in vielen Schattierungen – von Zartrosa bis Dunkelrot – und entlang der Rasenflächen buhlen Polster von Steinbrech, Zwergglockenblumen und Steinkraut um Aufmerksamkeit. Rosemarie und Johanna können sich auf ihrer täglichen Runde durch den Park am Spiel der Farben gar nicht sattsehen.

Den Rollator hat Johanna schon länger „in Rente geschickt“. Den einen Arm bei der Schwester eingehängt, den anderen auf einen Stock gestützt, marschiert sie munter auf und ab, fast wieder wie in ihren besten Tagen.

„Wenn du so weitermachst, brauchst du auch den Stock bald nicht mehr“, sagt Rosemarie mit einem lachenden und einem weinenden Auge. „Wer würde denn jetzt mit mir spazieren gehen, wenn du nicht da wärst? Ich genieße es schon sehr, dass du bei mir bist, Hanna.“

Johanna seufzt und kaut an ihrer Unterlippe, als auf einmal ihr Handy klingelt. „Einen Moment, Rosi, da muss ich rangehen. Jemand aus meiner Firma.“ Sie lässt sich auf einer der vielen Bänke nieder und plaudert gemütlich mit einer Mitarbeiterin.

Rosemarie schlendert ein Mal ums Rosenrondell, in dessen Mitte ein Springbrunnen plätschert, dann noch ein Mal und noch ein Mal. Schließlich baut sie sich vor Johanna auf und tippt unmissverständlich auf ihre Armbanduhr.

Ärgerlich bedeutet ihr die Schwester mit einer Handbewegung, sie möge sie in Ruhe lassen.

„Was kann da nur so wichtig sein? Diese blöden Handys verderben einem den schönsten Nachmittag“, schimpft Rosi vor sich hin und wendet sich zum Gehen. Trotzig setzt sie sich ein paar Meter weiter auf eine schattige Bank und lauert darauf, dass Johanna ihr Gespräch beendet. „Na endlich“, mosert sie, als sich die Jüngere bestens gelaunt zu ihr setzt. „Diese Dinger, auf denen heutzutage jeder herumwischt, sind die reinste Landplage!“

„Ach Rosi, nicht sauer sein! Das war ein wichtiges Gespräch. Und es hat mir so gutgetan, wieder mit der Außenwelt in Verbindung zu sein, mit *meiner* Welt.“

„Hätte das nicht bis morgen Zeit gehabt?

Manchmal sehne ich mich nach der Zeit, als es diese Wischkästchen noch nicht gab."

„Du hast ja recht. Aber keine Geschäftsfrau kann heute mehr darauf verzichten."

Rosemarie kann und will das nicht gelten lassen.

Plötzlich hält Johanna sich beide Hände vor den Mund und lächelt verschämt. Ein lang gedehntes „Oh" entfährt ihr.

„Was ist?"

„Es gibt da eine Geschichte, die betrifft uns beide. Sie fällt mir gerade ein, wo wir übers Telefonieren sprechen, und ich glaube, wir haben noch nie darüber geredet."

„Da bin ich aber gespannt." Rosemarie konnte ihrer kleinen Schwester noch nie lange böse sein und schenkt ihr auch jetzt schnell die volle Aufmerksamkeit.

„Ich hab mich wirklich viele Jahre geschämt deswegen", beginnt Johanna. „Es muss in deiner Tanzkurszeit gewesen sein, und zwar an einem Samstagnachmittag. Mama und Papa waren irgendwo eingeladen und ließen mich in deiner Obhut."

Rosemarie schüttelt den Kopf. „Die beiden gingen eigentlich so gut wie nie aus. Und wir beide *allein* an einem Samstag? Ich soll erst sechzehn gewesen sein und du neun? Das kann ich fast nicht glauben."

„Es fällt dir bestimmt gleich wieder ein. Ich habe gebettelt, dass mir meine Freundin an dem Wochenende Gesellschaft leisten darf, und Mama hat es erstaunlicherweise erlaubt. Du warst auch nicht allein. Ich glaube aber kaum, dass Mama und Papa eine Ahnung davon hatten, wer …"

„Hanna, sei still, jetzt weiß ich, was du meinst. Das war wirklich schlimm! Wie lang habe ich nicht mehr daran gedacht!"

„So schlimm war es auch wieder nicht. Wie du siehst, haben wir die Geschichte lebend überstanden. Im Grunde war es ja nur ein dummer Streich."

Damit ist die Ältere nicht einverstanden. „Glaubst du, *ich* hatte kein schlechtes Gewissen? Aber eigentlich ist mir immer noch nicht klar, was ihr Gören da genau getrieben habt."

„Du erinnerst dich also, dass dein Schatz wieder einmal zum Tanzen da war?"

„Ja, die Gelegenheit war zu günstig. Sturmfreie Bude! Wann gab es denn so etwas bei uns? Ihr beiden Mädchen wart beschäftigt mit euren Puppen, so dachte ich zumindest. Hermann drehte die Tanzmusik auf und …"

„So genau will ich das gar nicht wissen, ich kann es mir inzwischen lebhaft vorstellen", wehrt Johanna lachend ab. „Luise und ich haben spitzgekriegt, dass du alles, nur nicht uns im Kopf hattest, und kamen auf dumme Gedanken."

„Aber warum musstet ihr euch ausgerechnet ans Telefon in Papas heiligem Büro machen?" Rosemarie regt sich auf, als wäre alles eben erst passiert.

„Wir hatten Langeweile. Da kam Luise die Idee, wir könnten jemand anrufen. Zunächst haben wir uns einen Spaß daraus gemacht, lustige Namen aus dem Telefonbuch herauszusuchen, und uns gekugelt vor Lachen über *Roland Strickstrock* oder *Harald Schweinskopp*, *Wendelin Fischgrät* oder *Olga Hasenfuß*."

„Aber du wusstest doch, dass Papas Büro absolut tabu für uns war!"

„Luise hat halt so gebettelt."

„Und da hast du einfach so nachgegeben?"

„‚Das merkt bestimmt niemand', hat sie ein ums andere Mal beteuert."

„Aber wir durften doch das schwere schwarze Heiligtum nur zum Abstauben anfassen!"

„Stimmt. Immer wieder habt ihr drei – Papa, Mama und du – mir eingeprägt: ‚Telefonieren ist teuer und für Kinder streng verboten!'"

„Und trotzdem …"

„Gerade *deswegen*, Rosi. Du hast doch selber Kinder, haben die niemals was Verbotenes getan?"

Die Ältere lacht und gibt ohne Zögern zu:

„Doch, natürlich. In dem Punkt sind sie alle gleich."

„Also weiter: Zuerst musste ich eine von den ausgesuchten Personen mit den komischen Namen anrufen: ‚Guten Tag, hier Elektro-Müller, ich wollte Ihnen nur mitteilen, dass Ihre Waschmaschine eingetroffen ist.' – ‚Waschmaschine? Ich habe doch gar keine bestellt.' – ‚Doch, doch. Wir bringen sie Ihnen morgen Vormittag. Auf Wiederhören.'" Johanna gluckst noch heute in Gedanken daran vergnügt vor sich hin.

„Und weiter?", bohrt Rosemarie nach.

„Dann legte ich auf und wir lachten uns schief. Danach kam Luise dran. Sie fand das Spiel großartig und konnte gar nicht mehr aufhören, Leute zu veräppeln."

Wie zwei Teenager prusten die beiden alten Damen los.

„Irgendwann riss ich Luise den Hörer aus der Hand. Ich bekam es plötzlich mit der Angst zu tun."

„Was war?"

„Stell dir vor, ein erregtes Kauderwelsch tönte aus dem Hörer."

„Englisch?"

„Wahrscheinlich."

„Da hatte sie bestimmt jemand von einer amerikanischen Kaserne an der Strippe."

„Ja, kann sein. Ich schmiss also den Hörer auf die Gabel und …“

„Jetzt wird mir einiges klar“, ruft Rosemarie dazwischen. „Damals hab ich überhaupt nichts davon mitbekommen, was ihr getrieben habt. Ich könnte mich heute noch dafür ohrfeigen.“

„Das schlechte Gewissen hab aber *ich* all die Jahre mit mir rumgetragen“, seufzt Johanna. „Mein Leben lang werde ich nicht das Donnerwetter von Papa vergessen, als er zwei Wochen später die Monatsrechnung sah.“

„Er brüllte selten, aber an dem Tag zogen wir beide die Köpfe ein“, bestätigt Rosemarie. „‚Wer hat ohne mein Wissen telefoniert? Raus mit der Sprache!‘ Krebsrot vor Zorn schaute er abwechselnd zu dir und zu mir. Du wurdest immer kleiner und leichenblass.“

Vor Johannas innerem Auge läuft ein Film ab. „Ja, Papa fixierte mich geradezu. Mein Herz klopfte so laut, dass ich glaubte, man müsse es hören. Ich brachte kein einziges Wort heraus.“

„Das war mein Glück. Ich kapierte ja am Anfang überhaupt nichts. Außer, dass nur *du* die Übeltäterin gewesen sein konntest. Aber dann begriff ich schnell: Es musste an dem fraglichen Samstag gewesen sein.“

Johanna kratzt sich verlegen am Kopf. „Mir war natürlich nicht bewusst, dass du in der Zwickmühle warst. Ich habe auch nicht verstanden, warum du auf einmal von einem Fuß auf den anderen getreten bist und verlegen auf den Fußboden gestarrt hast."

„Ich musste blitzschnell reagieren. Und bevor du etwas von unserem Tanznachmittag hättest verraten können, nahm ich lieber die Schuld auf mich: ‚*Ich* war das. Ich habe telefoniert und mich verwählt', flunkerte ich. Lieber sollten die Eltern das glauben als spitzkriegen, dass Hermann da war."

„Ich weiß, Papa hat dich erst zweifelnd angeschaut, dich dann aber tatsächlich bestraft. Und ich habe nicht begriffen, warum du dich so schützend vor mich gestellt und die Strafe einfach hingenommen hast."

„Taschengeldentzug, einige Monate sogar. Aber ich war ja heilfroh, dass du deinen Mund gehalten hast." Rosemarie atmet so erleichtert auf, als wäre es gerade erst geschehen. „Was glaubst du, was passiert wäre, wenn er rausbekommen hätte, dass in ihrer Abwesenheit ein junger Mann bei uns war?"

„Die perfekte Katastrophe! Nicht auszudenken, Rosi! Aber darin sind wir uns doch einig: Wenn es darauf ankam, haben wir schon immer fest zusammengehalten."

Ein ungebetener Gast

Endlich weht nach einem heißen Sommertag ein kühles Lüftchen durch die Terrassentür. Johanna hat sich zum Abendessen ins Zimmer zurückgezogen und genießt einen großen Schluck Bier. Da spürt sie, wie etwas Weiches um ihre Beine streicht. Ein jämmerliches „Miau, miau" dringt an ihre Ohren.

„Ja, wer bist du denn?"

„Miau, miauuu …"

„Na, du kleiner Tiger, hast du Hunger?" Und schon sitzt der Kater auf Johannas Schoß.

Johanna kann ihn gerade noch daran hindern, auf den Tisch zu springen. „Nein, nein", ruft sie entsetzt, „das geht zu weit!"

Erschrocken sucht der junge Kater das Weite. Aber kaum auf der Terrasse angekommen, besinnt er sich eines Besseren und stolziert mit erhobenem Schwanz wieder herein. Sein Miauen klingt fordernd.

„Du riechst bestimmt meinen Schinken."

Der ungebetene Besuch setzt zum Sprung an.

Johanna kann gerade noch mit einer Hand ihren Teller in die Höhe halten und mit der anderen das Tier vom Tisch schubsen. „So warte doch, du kriegst doch was.“

Mit einer Scheibe Schinken lockt sie ihren hungrigen Gast hinaus ins Freie. Dort füttert sie den kleinen Kater, das letzte Häppchen bleibt am Boden liegen.

Aber nun geht das Miau-Geschrei wieder von vorne los.

„Ach, du graues Tigerchen, was ist denn jetzt noch?“

„Miiiaauu!“

Er hat bestimmt Durst, denkt Johanna. Aber Milch hat sie keine mehr im Kühlschrank. Sie fragt sich, ob Katzen auch Wasser trinken, als ihr einfällt, dass sie von ihrem letzten Cafébesuch noch ein Aludöschen mit Kaffeesahne in ihrer Handtasche hat. Aber woraus soll das Tier trinken? Kurz entschlossen stellt Johanna den Blumentopf vom Fenstersims auf eine Papierserviette, füllt den Plastikuntersetzer mit frischem Wasser und mischt die Kaffeesahne hinein.

„Jetzt aber hinaus mit dir! Komm, Tigerle!“ Sie lockt ihren neuen Freund mit dem Schälchen vor die Tür und schaut dann zu, wie er es ratzeputz leer schlabbert.

„So, und jetzt geh mal schön nach Hause, du kleiner Ausreißer.“ Johanna streichelt den Kleinen und setzt ihn auf die Steinbrüstung, die Terrasse und Park voneinander trennt.

Am nächsten Tag bringt die Etagendame Frau Erhard wie immer das Frühstück. „Guten Morgen, Frau Niebauer", ruft sie beim Eintreten freundlich. *Hatschi* – und noch einmal: *Hatschi, hatschi*. „Was ist denn los mit mir? Entschuldigen Sie bitte, Frau Niebauer", sagt sie und klopft verzweifelt ihre Hosentaschen nach einem Tempo ab.

„Haben Sie sich erkältet?", fragt Johanna teilnahmsvoll und reicht ihr ein Taschentuch.

„Nein, das glaube ich nicht. Es muss irgendeine Allergie sein. Ich versteh – *hatschi* – nur nicht, wo hier bei geschlossenem Fenster – *hatschi* – Blütenpollen herkommen. Tierhaare können es ja nicht sein."

Johanna erschrickt. Ihr kleiner Kater vom Vorabend fällt ihr wieder ein. Aber sie hält vorsichtshalber den Mund und ruft ihr nur „Gute Besserung!" nach, als die Geplagte noch immer niesend das Zimmer verlässt.

Als hätte das Kätzchen nur darauf gewartet, miaut und kratzt es gleich darauf an der Terrassentür.

„Du schon wieder", seufzt Johanna. „Wenn du nur nicht so süß wärst. Da muss man doch weich werden!" Sie packt ihr Frühstückstablett und trägt es nach draußen. „Wir beide werden jetzt schön hier auf der Terrasse frühstücken. Im Zimmer ist mir das zu riskant."

Einige Tage geht es nun schon so. Immer morgens und abends kommt der ungebetene Besuch und wird von Johanna gefüttert. Bestimmt, denkt Johanna, wurde der junge Kater irgendwo ausgesetzt.

Tierhaltung ist aber im *Lindenhof*, und ganz besonders auf der Pflegestation, verboten. Also kann sie mit niemandem über ihren kleinen Liebling sprechen. Ins Zimmer lässt sie ihn nicht mehr. Aber ab und zu muss man schließlich lüften …

An einem Sommertag kommen die beiden Schwestern gerade von einem kleinen Spaziergang zurück. Draußen ist es ihnen zu heiß, deshalb wollen sie noch ein wenig im Zimmer sitzen und plaudern.

„Kühl ist es hier aber nicht“, meint Rosemarie. „Du hast ja vergessen, dein Fenster zu schließen und die Jalousie herunterzulassen.“

„Stimmt, wie dumm!“

Rosemarie lässt sich erst gar nicht im Sessel nieder. „Ich hole uns mal was Kaltes zum Trinken, hier hält man es ja sonst nicht aus.“

Als sie mit einer Flasche Mineralwasser zurückkehrt, sitzt ihre Schwester kreidebleich auf ihrem Stuhl. Das Häufchen Elend zieht die Füße hoch und klammert sich an die Armlehnen. „Was ist los? Ist dir nicht gut?“

Johanna starrt in Richtung Bett. „Da, da“, stammelt sie.

„Was *da, da*? Siehst du ein Gespenst?“

„Viel schlimmer!“

„Hast du einen Hitzschlag abgekriegt?“, fragt Rosemarie besorgt.

„Da, da unterm Bett ist eine Maus!“

Da muss Rosemarie schallend lachen. „Aber Hanna“, japst sie, „vor so einem bisschen Tier hast du Angst?“

„Wenn die mir nachts übers Gesicht huscht!“

Rosemarie wischt sich die Lachtränen aus dem Gesicht und murmelt: „Ich möchte bloß wissen, wie die hereingekommen ist. Durchs offen stehende Fenster jedenfalls nicht.“

Johanna zögert. Soll sie Rosi von dem jungen Kater erzählen? Nur der kann die Maus ja hereingeschleppt haben, als Dankeschön sozusagen für die Gastfreundschaft.

Nachdem Johanna mit der Geschichte vom *ach, sooo süßen Kätzchen* fertig ist, sagt Rosi entschlossen: „Also erstens werden wir die Maus fangen, und zweitens muss die Katze weg.“

„Und wie soll das gehen? Hast du hier eine Mausefalle?“, fragt Johanna skeptisch.

Sie grübeln hin und her, aber keine hat eine zündende Idee. In einem Punkt sind sie sich jedoch einig: Auf keinen Fall darf irgendjemand hier im Heim etwas von Katz und Maus erfahren.

Sie müssen das Problem auf eigene Faust aus der Welt schaffen.

„Ich hab's!“, ruft Rosemarie endlich aus. „So hab ich es schon einmal gemacht. Warte, ich bin gleich wieder da.“ Schon ist sie zur Tür hinaus.

Nach fünf Minuten kommt sie mit ihrer Altblockflöte zurück.

Johanna weiß nicht so recht, was sie jetzt davon halten soll.

„Denk doch mal an den Rattenfänger von Hameln!“, rät Rosemarie mit einem verschmitzten Lächeln.

„Das glaubst du ja wohl selbst nicht!“

Doch Rosemarie legt ihren Finger auf den Mund. „Pssst! Am besten, du setzt dich auf die Terrasse, sonst schreist du gleich auf, wenn das Mäuschen sich zeigt.“

Wie in alten Zeiten folgt die kleine Schwester brav der größeren. Sie geht hinaus und beobachtet alles Weitere aus sicherer Entfernung von außen durchs Fenster, die Türe lässt sie angelehnt.

Geduldig spielt Rosemarie ein Volkslied nach dem anderen, dann geht sie zu kleinen Barockstücken über. Fünf Minuten vergehen – aber auf dem Fußboden tut sich nichts.

Auf einmal bewegt sich etwas! Johanna traut ihren Augen nicht: Mit Mäuse-Trippelschrittchen tänzelt das Tier in Richtung Musik, dann bleibt es einen Meter von Rosemarie entfernt sitzen und lauscht. Daraufhin geht die Flötenspielerin Schritt für Schritt rückwärts Richtung Tür.

Johanna flieht in den äußersten Winkel der Terrasse und wagt kaum zu atmen.

Eine gefühlte Ewigkeit dauert es, bis Rosemarie und die gebannt folgende Zuhörerin ins Freie gelangen. Kaum ist der letzte Ton verklungen, huscht die Maus auf und davon.

„Danke! Ich hätte heute Nacht kein Auge zugetan", seufzt Johanna erleichtert und fällt ihrer Retterin um den Hals.

„Dieses Problem hätten wir gelöst, meine Liebe!"

„Rosi, mit dieser Nummer solltest du zum Zirkus gehen."

Die Ältere wehrt lachend ab, wird aber gleich wieder ernst. „Du musst dich so schnell wie möglich von der Katze trennen", mahnt sie. „Am besten gleich morgen."

„Den kleinen Kerl sich selbst überlassen?" Johanna schüttelt energisch den Kopf. „Dann kommt er um, das kann ich nicht verantworten."

„Ich wusste gar nicht, dass meine kleine Schwester so eine Tierfreundin ist. Komm, Hanna, wir gehen wieder ins Zimmer zurück. Wir finden bestimmt eine Lösung!"

Minutenlang sitzen sie da, aber ihnen fällt nichts ein, was sie beide gutheißen könnten.

„Es hilft alles nichts!“, beschließt Rosemarie mit einem Mal. „Ich rufe jetzt Herrn Schwarz an. Du weißt schon, den netten Taxifahrer. Der soll morgen kommen und die Katze ins Tierheim bringen.“

„Nein!“, ruft Johanna entsetzt aus.

„Es wird dir nichts anderes übrig bleiben. Dort hat die Katze alles, was sie braucht. Außerdem muss sie geimpft werden.“

Johanna will sich gar nicht mit diesem Gedanken anfreunden. Aber was soll sie tun? Widerwillig stimmt sie schließlich zu. „Von mir aus kannst du ihn anrufen“, sagt sie leise.

Auf die Wortfetzen im folgenden Telefongespräch kann sie sich keinen Reim machen: „Deckelkorb … morgen Abend, weniger Personal im Haus … Geburtstag … ja – ja, grau getigert … wunderbar! Dann bis morgen.“

„Wieso will Herr Schwarz wissen, wie der Kater aussieht? Das kann ihm doch vollkommen egal sein. Hauptsache, er bringt ihn wohlbehalten ins Tierheim.“

Rosemarie lächelt still vor sich hin.

Johanna hingegen verzieht ihr Gesicht, als würde sie gleich in Tränen ausbrechen. „Weißt du was, ich fahr mit hin“, beschließt sie. „Ich muss sehen, wo mein Tiger untergebracht wird.“

„Jedenfalls nicht im Tierheim.“

„Wo fährt Herr Schwarz denn sonst mit ihm

hin?“, fragt Johanna mit vor Schreck geweiteten Augen.

„Seine Frau hat morgen Geburtstag und wünscht sich schon länger nichts sehnlicher als einen grau getigerten Kater.“

Die Ältere beobachtet schmunzelnd, wie sich innerhalb von Sekunden das Mienenspiel ihrer kleinen Schwester von tieftraurig über zweifelnd bis hin zu erleichtert verwandelt.

Überglücklich ruft diese: „Rosi, du bist die Beste!“

Abenteuer Freiheit

Glücklich setzt Johanna Fuß vor Fuß. Der ausziehbare Stock baumelt an ihrem Handgelenk. Sie hat sich von Rosemarie unbemerkt davongeschlichen. Es ist ihr erster Spaziergang alleine seit Monaten. Freiheit! Selbstständigkeit! Darauf hat sie wochenlang hingearbeitet. Heute will sie es beweisen, sich und ihrer Schwester. Wenigstens eine halbe Stunde will sie schaffen, langsam und vorsichtig. Nur nicht stürzen! Sie fühlt sich frisch und ausgeruht in der kühlen Morgenstunde zwischen acht und neun. Die Sonne brennt noch nicht so gnadenlos vom Himmel wie an den letzten Tagen. Johanna lässt sich den leichten Morgenwind über Gesicht und Haare streichen und atmet tief die klare Luft. Eine Lerche schwingt sich nach oben und singt ihr Morgenlied. „Ja, es geht aufwärts“, jubiliert Johanna leise.

Längst hat sie die letzten Häuser am Ortsrand hinter sich gelassen. Vor ihr breiten sich Felder und Wiesen aus. Bis zum Wäldchen da vorne will sie noch kommen und dann umkehren.

Die rote Bank unter den Buchen lockt sie zu einer kurzen Rast. Von weit her hört sie eine Turmuhr schlagen. Zehn Uhr. Höchste Zeit zur Umkehr, aber was soll's? So lange hat sie keine Waldluft mehr geschnuppert.

Sie lauscht. Plätschert da nicht etwas? Ohne auf die Richtung zu achten, geht sie dem Geräusch nach. Sicherheitshalber nimmt sie nun doch ihren Stock zu Hilfe. Ein schmaler Pfad führt sie zu einem Rinnsal und ein paar Meter weiter zu einer Quelle. Sie setzt sich auf einen großen Stein und blickt minutenlang ins sprudelnde Wasser.

Jetzt aber!, denkt Johanna und macht sich auf den Heimweg. Sie erfreut sich gerade an dem Blätterdach hoch oben ... strauchelt und verliert das Gleichgewicht. Wie gut, dass ihr der Stock Halt gibt! Doch der Rock hat sich im Himbeergestrüpp verfangen. Lieber der Rock als ich, denkt Johanna, reißt sich los und kämpft sich auf dem schmalen Pfad weiter vor. Das ist noch einmal gut gegangen. Jetzt heißt es aufpassen!

Aber an der Stelle, wo sie vorhin abgebogen ist, tun sich plötzlich zwei Wege auf. Welcher war es denn nun? Wenn ich ein kurzes Stück gehe, merke ich schon, ob mir die Gegend bekannt vorkommt, denkt sie und entscheidet sich für links. Bis zur Bank dürfte es ja nicht weit sein. Ein bisschen ausruhen würde jetzt auch nicht schaden. Aber der Weg zieht sich in die Länge, weit und breit kein Ausblick auf die Felder und Wiesen, durch die sie hergekommen ist.

Johanna hat sich verlaufen. Daran gibt es keinen Zweifel.

Sie bleibt stehen, stützt sich auf ihren Stock und lässt den Blick schweifen. Nur keine Panik aufkommen lassen!

Bildet sie sich das nur ein? Oder lichtet sich da vorne tatsächlich der Wald? Weit kann es bis dahin nicht sein. Von dort aus kann sie sich vielleicht orientieren.

Mit jedem Schritt werden die altbekannten Schmerzen schlimmer. „Bitte, liebes Bein, halte durch!", sagt sie laut. Und: „Schlapp machen gilt nicht!"

Wie magisch angezogen, folgt sie dem Licht am Ende des Weges. Tatsächlich, hier endet der Wald. Aber vor ihr lugt hinter einem großen Weizenfeld ein spitzer Kirchturm hervor, den sie vorhin nicht gesehen hat. Sie lehnt sich an den Stamm einer dicken Eiche, schließt die Augen und atmet tief durch. Schließlich zieht sie ihr Handy aus der Tasche.

Zum Glück hebt Rosemarie sofort ab.

„Wo steckst du denn? Ich habe schon verzweifelt nach dir gesucht."

„Beruhige dich, Schwesterherz."

„Und ans Telefon bist du auch nicht gegangen."

„Ich hatte im Wald kein Netz!“

„Im Wald?“ Rosemarie ist außer sich.

„Es geht mir gut. Aber ich brauche deine Hilfe.“

„Was sagst du?“

„Ich habe mich verlaufen.“

Rosemarie seufzt aus tiefstem Herzen.

„Tut mir leid. Ich habe keine Ahnung, wo ich bin.“

Erst einmal Schweigen am anderen Ende der Leitung. Und dann mit zittriger Stimme: „Wir müssen die Polizei rufen.“

„Warte!“ Johanna blickt sich um und entdeckt ein altes Steinkreuz am Weg. Mit einem mühsam unterdrückten Stöhnen lässt sie sich darauf fallen. „So, jetzt mal langsam. Ich sitze, ganz schön unbequem, aber es geht.“

„Also, was ist jetzt mit der Polizei?“, hakt Rosemarie nach.

„Auf keinen Fall!“

„Und wie soll ich dir helfen?“

„Du kennst doch so viele Leute im Heim. Da wird sich bestimmt einer in der Gegend hier auskennen.“

„Und weiter?“

„Sag jedem, wie es hier aussieht, und bitte dann jemanden, mich abzuholen.“

„Da mach dir mal keine zu großen Hoffnungen. Beschreib mir trotzdem genau, was du siehst.“

Johanna versucht, Rosemarie ein klares Bild

zu geben, und betont zum Schluss: „Merke dir einfach: Waldrand, altes Steinkreuz, großes Weizenfeld und dahinter ein schlanker, spitzer Kirchturm."

„Das wird eine Weile dauern."

„Ich sitze gut und kann warten."

„Hanna, ich flehe dich an: Bleib an Ort und Stelle, sonst finden wir dich nie!"

„Klar bleib ich da. Und danke, du machst das schon!"

Alle paar Minuten schaut Johanna auf die Armbanduhr. „Geduld, Geduld", hört sie sich selber sagen. Aber Geduld ist absolut nicht ihre Stärke. Fünf Minuten, zehn Minuten, fünfzehn Minuten vergehen. Sie stellt sich vor, wie ihre Schwester den halben *Lindenhof* nervös macht und an den verschiedensten Wohnungstüren klingelt.

Mit einem Mal merkt sie, wie durstig sie ist. Ihr Herz rast. Das fühlt sie erst jetzt, als sie zur Ruhe kommt. Die friedliche Landschaft vor ihren Augen verwandelt sich in feindliches Gebiet. Wer weiß, was ihr da alles zustoßen kann? In der Ferne taucht ein Traktor auf. Ist der Bauer Feind oder Freund? Sieht er sie überhaupt? So schnell wie er gekommen ist, so schnell verschwindet er wieder aus ihrem Blickfeld.

Fünfundzwanzig Minuten sind vergangen. Da kommt auf dem holperigen Feldweg ein roter PKW auf sie zu. So langsam und vorsichtig wie der Fahrer im roten Auto sind doch nur Anfänger und Senioren … Ist das jemand aus dem *Lindenhof*?

Johanna steht mühsam auf und winkt. Der Mann, der nun seinen Golf vor ihr zum Stehen bringt und das Fenster herunterlässt, kommt ihr irgendwie bekannt vor. Ihr Herz rumpelt, als mache es einen Freudensprung.

„Sie müssen Frau Niebauer sein", sagt der Herr mit den dichten weißen Haaren und dem gepflegten kleinen Bart. Spitzbübisch mustert er Johanna. „Ja, ich habe Sie schon öfter zusammen mit Frau Kaufmann gesehen. Und genau die schickt mich, um Sie zu holen." Er steigt aus und reicht ihr galant die Hand. „Mein Name ist Arnold, Fritz Arnold."

Johanna kann nicht verhindern, dass ihre Hand leicht zittert. „Wie haben Sie mich denn gefunden, Herr …"

„Arnold", hilft ihr der Retter auf die Sprünge. „Ihre Schwester hat mir, ehrlich gesagt, ein kleines Rätsel aufgegeben. Sie wusste nur noch etwas von einem spitzen Kirchturm und einem Waldrand. Sie sitzen da auf einem Stein, meinte sie."

„Oje, wahrscheinlich habe ich sie in helle Aufregung versetzt."

„Stimmt. Aber zum Glück bin ich ihr eingefallen. Sie weiß, dass ich die Gegend rund um unsere Seniorenresidenz wie meine Westentasche kenne." Er reicht Johanna den Arm und hilft ihr beim Einsteigen.

Sie lässt es gerne zu, ausnahmsweise. „Das tut gut! Das Bein ausstrecken und sich anlehnen können."

Herr Arnold reicht ihr eine Flasche Wasser. „Frau Kaufmann meinte, Sie müssten als Erstes unbedingt etwas zu trinken haben."

„So ist sie. So fürsorglich war sie schon immer, manchmal auch etwas *zu* fürsorglich. Aber danke, ich habe wirklich Durst."

Herr Arnold schmunzelt vor sich hin.

„Und wie haben Sie mich nun gefunden?", will Johanna wissen. „Konnte sie Ihnen wirklich so genau beschreiben, wo ich bin?"

„Ich habe auf meinen vielen Rundgängen durch Wald und Flur bisher nur einen einzigen schlanken Kirchturm entdeckt, gerade mal drei Kilometer vom *Lindenhof* entfernt. Der Rest war Intuition."

„Was meinen Sie mit Intuition?"

„Na ja, ich wollte die Schwester von Frau Kaufmann wahrscheinlich finden, um sie näher kennenzulernen."

Johanna versinkt in Schweigen.

Kurz vor dem Tor zur Seniorenresidenz weist Fritz Arnold auf eine Baustelle schräg gegenüber hin. „Schrecklich, dieser Lärm."

„Und immer die Luft voll Staub", ergänzt Johanna.

„Wissen Sie, was das wird?"

„Keine Ahnung. Wieso?"

„Hier soll eine kleine Anlage von Häusern mit barrierefreien Wohnungen entstehen", erklärt er mit feinem Schmunzeln. „Genau das Richtige für aktive Senioren wie Sie."

„Aha, interessant", antwortet Johanna lakonisch.

„Die einzelnen Einheiten kann man kaufen oder mieten", fährt Herr Arnold unbeirrt fort. „Jeder lebt dort wie immer, kann sich aber auf Hilfe verlassen, wenn er sie denn irgendwann braucht."

„Aha."

Am Eingang zum *Lindenhof* läuft Herr Arnold um den Wagen herum und hält elegant die Tür auf der Beifahrerseite auf.

Johanna bedankt sich von Herzen. „Kann ich mich irgendwie erkenntlich zeigen?"

„Nicht nötig, Frau Niebauer", entgegnet ihr der Retter lachend. „Es war mir ein Vergnügen. Auf Wiedersehen."

Nicht ohne meine Schwester

Über ein halbes Jahr wohnt Johanna nun schon im *Lindenhof*. Viel ist passiert in der Zwischenzeit. Sie war fast gesund, als sie sich letzte Woche vor lauter Freiheitsdrang verirrte. Doch dieses Abenteuer hat sie auf dem Weg zur vollständigen Genesung um mindestens drei Wochen zurückgeworfen.

Rosemarie beobachtet mit Sorge, wie schwer ihre jüngere Schwester wieder geht. „Hanna, du gefällst mir nicht. Was sagt denn die Physiotherapeutin?"

„Sie meint, das wird schon wieder."

„Aber wann? Wolltest du nicht Anfang August wieder nach Hause? Wie soll das gehen?"

„Ich werde hier wohl oder übel verlängern müssen."

„Du siehst aus, als würde dir das überhaupt nichts ausmachen. So kenne ich dich gar nicht." Rosemarie ist irritiert. „Hast du dich vielleicht anders entschieden? Bleibst du im *Lindenhof*?"

„Auf gar keinen Fall!" Johanna bemüht sich, bekümmert auszusehen.

„Soll ich mit der Direktorin unserer Seniorenresidenz sprechen?“

„Kommt nicht infrage, Rosi! Ich regle das schon selbst!“

„Manchmal bist du mir ein Rätsel, meine Liebe.“

Ein paar Tage später sitzt Johanna mit einem Buch auf einer schattigen Bank im Park.

„Darf ich mich zu Ihnen setzen, Frau Niebauer?“ Herr Arnold sagt es in so charmantem Ton, dass Johanna sich selbst wundert, wie erfreut ihr ein „Aber gerne!“ über die Lippen kommt.

„Ich hoffe, Sie haben Ihre Tour neulich gut überstanden.“

„Ja, dank Ihrer Hilfe. Ich überlege immer noch, wie ich mich revanchieren kann.“

„Das vergessen Sie mal ganz schnell.“

Johanna schlägt ihr Buch zu und rückt ein wenig zur Seite.

„Seien Sie mir nicht böse …“, nimmt Herr Arnold nach kurzem Schweigen den Gesprächsfaden wieder auf, „aber ich beobachte seit Tagen, dass Ihnen das Laufen jetzt deutlich schwerer fällt als vor Ihrem Ausflug in den Wald.“

Ein entrüstetes Schnauben ist die Antwort.

„Könnte es sein, Frau Niebauer, dass Sie uns noch ein bisschen länger erhalten bleiben? Das wäre für mich Belohnung genug.“

Johanna schluckt. Nach einer Weile sieht sie ihn an. „Sie sind ja ein Charmeur, Herr Arnold. Aber gut tut einem das schon, wenn man gerne gesehen wird, auch wenn man schon über siebzig ist."

Er schmunzelt. Sie guckt verschämt, fast wie ein junges Mädchen.

„Das wird ja hoffentlich bald ein Ende nehmen", meint Herr Arnold schließlich mit Blick auf die andere Straßenseite, wo eben ein Lastwagen seine Ladung in eine der Baugruben poltern lässt.

Johanna hat Mühe, den Lärm zu übertönen. „Soviel ich weiß …", schreit sie, „soviel ich weiß, können im November die ersten Wohnungen in der neuen Anlage bezogen werden."

„Sie sind besser informiert als ich", staunt er.

„Wissen Sie, meiner Schwester geht der Krach ziemlich auf die Nerven", erklärt sie mit einem feinen Lächeln. „Da bin ich mal hinübergegangen und hab mich erkundigt, wie lange das noch so weitergeht. Anfang August soll der Dachstuhl des ersten Hauses stehen."

Kaum ist der Lastwagen von der Baustelle gefahren, erhebt sich Herr Arnold, zieht seinen Strohhut und verneigt sich leicht. „Dann will ich Sie jetzt auch nicht länger stören", sagt er und wendet sich zum Gehen.

Froh gestimmt schaut Johanna ihm nach.

Als Rosemarie am nächsten Tag wieder einmal klagt: „Dieser Lärm bringt mich noch um“, versucht Johanna sie zu überreden: „Lass uns doch die Baustelle aus der Nähe anschauen. Vielleicht verliert sie dann den Schrecken für dich!“

„Bist du des Wahnsinns? Was soll ich denn da in dem Dreck? Außerdem ist das nicht erlaubt!“

„Morgen ist der Bauleiter da“, erklärt Johanna so geduldig wie möglich. „Besuch ist morgen nicht nur erlaubt, sondern ausdrücklich erwünscht. Wie soll die Immobilienfirma die einzelnen Wohnungen denn sonst an den Mann beziehungsweise die Frau bringen?“

Rosemarie schüttelt energisch den Kopf. „Aus bloßer Neugier tu’ ich mir das bestimmt nicht an.“

„Dann gehe ich eben allein.“ Insgeheim ist es Johanna nur recht. Sie will sich die Wohnungen nämlich ganz genau ansehen.

An einem schwülwarmen Freitagmittag Anfang August ist der Dachstuhl auf dem stattlichen Gebäude schräg gegenüber der Seniorenresidenz fertig. Auf der Wiese daneben laden Biertische und -bänke zum Sitzen ein. Auch für Sonnenschirme ist gesorgt.

Johanna staunt, als Rosemarie Punkt zwölf Uhr bei ihr im Zimmer steht. „Du gehst doch mit?“ Tagelang hat sie betteln müssen, dass ihre

Schwester sie zum Richtfest begleitet. Zuletzt hat sie nicht mehr daran geglaubt.

„Hast du den Aushang nicht gelesen, dass die Bewohner des *Lindenhofs* als zukünftige Nachbarn alle eingeladen sind?"

„Ach so, du hast wohl eine offizielle Erlaubnis gebraucht. Wenn ich das gewusst hätte, Rosi ...", mokiert sich die Jüngere.

„Alles muss seine Ordnung haben. Einfach so gehe ich da nicht rüber. Aber jetzt beeil dich, meine Liebe. Wenn schon, dann will ich auch pünktlich sein."

Wenig später sitzen beide auf einer Bierbank, die sogar mit einer Lehne und Sitzkissen ausstaffiert ist. Andächtig richten sie den Blick nach oben. Zwei Zimmerleute in der schmucken Kluft und mit dem breitkrempigen Hut befestigen das mit einem Kranz und bunten Bändern geschmückte Bäumchen auf dem First. Der Meister klettert ebenfalls nach oben und erhebt seine Stimme:

„Verhallet sind des Beiles Schläge,
verstummt ist die geschwätzige Säge;
drum preiset laut der Zimmermann
– so gut, wie er es eben kann –
den herrlich schönen, stolzen Bau,
der sich erhebt zum Himmelsblau,
der unter unseres Meisters Hand
zu aller Freude hier erstand.

Nun müssen andre noch vollenden
den Bau, mit kunstgeübten Händen,
das Innere sorgsam schmücken aus,
dann wird's fürwahr ein prächtig' Haus.
Mög' Eintracht und Zufriedenheit
darinnen herrschen allezeit.
Mög' Lieb' und Freundschaft schwesterlich
am heimischen Herd begegnen sich.
Mög' Gott in diesem Hause sein! –
Drauf trinke ich den Becher Wein.

Den zukünftigen Bewohnern und allen Anwesenden ein dreifaches Hoch! Hoch! Hoch!"

Schon fliegt sein Glas in hohem Bogen auf die Wiese, und das vorwiegend ältere Publikum klatscht stürmisch Beifall.

Johanna zieht aus ihrer Tasche unter dem Tisch eine Flasche Piccolo und zwei Sektgläser hervor. Andächtig gießt sie beide voll und reicht eines ihrer Schwester mit den Worten: „Mög' Lieb' und Freundschaft schwesterlich in diesem Haus begegnen sich." Dabei strahlt sie übers ganze Gesicht.

Rosemarie stutzt. „Wie meinst du das?"

„Komm, stoß an, Schwesterherz! Und dann zeig ich dir meine neue Wohnung."

„Wie bitte?"

„Ja, stell dir vor ..."

„Du meinst ... du willst ... du hast ..."

„Ich habe mir hier ganz in deiner Nähe eine Wohnung reservieren lassen."

„Ich kann es nicht fassen", stöhnt Rosemarie. Doch dann bricht sie in schallendes Gelächter aus. „Hanna, du bist immer für eine Überraschung gut. Wie kommst du denn zu diesem Sinneswandel?"

„Ach weißt du, wahrscheinlich war mein Unfall nötig, um mich zur Vernunft zu bringen. Mit über siebzig ist man doch nicht mehr so jung, wie ich mir das vorher eingebildet habe."

„Oh ja, so leicht will das niemand einsehen", pflichtet ihr die Ältere bei.

„Neulich war ich in der Stadt, um mich im Atelier bei meinen Schneiderinnen umzusehen", fährt Johanna fort. „An diesem Tag wurde mir klar, dass mein Geschäft auch ohne meine physische Anwesenheit bestens läuft. Dank Internet kann ich auch von hier aus die Fäden in der Hand halten. Außerdem kann ich mich auf meine Stellvertreterin hundertprozentig verlassen."

„Und was machst du mit deinem Loft?"

„Das hab ich einer Immobilienfirma zum Verkauf übergeben. Schließlich brauche ich Geld für mein neues Zuhause."

„Du willst also wirklich hierher ziehen", flüstert Rosemarie ehrfürchtig vor sich hin.

„Gestern habe ich den Kaufvertrag unterschrieben. Für eine Dreizimmerwohnung im

Erdgeschoss mit Terrasse und Ausblick auf den Wald."

„Aber du wolltest doch so schnell wie möglich wieder in die Stadt. Vom ersten Tag an hast du das geruhsame Leben hier schrecklich gefunden."

„Rosi, auch in unserem Alter kann man seine Meinung noch ändern. Mit der Zeit habe ich halt die Vorteile erkannt, die ein Betreutes Wohnen mit sich bringen würde. Ich behalte meine Freiheit und bleibe in deiner Nähe! Wer weiß, wie sehr wir einander noch brauchen."

„Ja, wenn das so ist: Prost, meine Liebe! Lass uns anstoßen, bevor der Sekt warm wird."

„Auf unser gemeinsames Wohl, Schwesterherz!"

Leseprobe

Leseprobe aus

Helga Blum / Christina Zieger:
Und immer wieder lockt das Leben

Ein neues Jahr – ein neues Glück

Agnes Rautenberg sitzt im Rollstuhl und schaut zu, wie draußen dicke Schneeflocken vom Himmel fallen. Gerne würde sie jetzt einfach ins Freie laufen, die kalten weißen Sterne auffangen und auf den Handflächen zergehen lassen. So, wie sie es als Kind immer getan hat. Aber das kann sie nicht mehr. Seit ihrem schlimmen Sturz vor zehn Wochen ist sie auf den Rollstuhl angewiesen.
Deshalb hat sie ihr Enkel Andreas zu sich nach Franken geholt. Er arbeitet in Erlangen und will sie in seiner Nähe haben, damit er und seine Familie immer wieder nach ihr schauen können.

Die alte Dame zieht die Wolldecke auf ihren Beinen zurecht und lässt den Blick durch das Zimmer schweifen. Alles ist noch so fremd hier im Seniorenheim.
Als es leise an der Tür klopft, ist sie so in Gedanken versunken, dass sie es beinahe überhört hätte.
„Ja, bitte."
Die Tür geht langsam auf und Andreas, seine Frau Susanne sowie die Kinder Max und Paula kommen herein.

Lese probe

Der neunjährige Max läuft Richtung Rollstuhl und ruft: „Uri-Oma, wir haben alles mitgebracht: Blei, einen Löffel und eine Kerze." Er ist ganz aus dem Häuschen. „Und Streichhölzer und eine Schüssel. Von dir brauchen wir jetzt nur noch Wasser."
Agnes Rautenberg lacht, bremst ihn dann aber mit den Worten: „Langsam, langsam. Erst mal will ich euch alle willkommen heißen."
Ungeduldig tritt Max von einem Bein auf das andere. „Papa, du hast mir versprochen, dass ich das Feuer anzünden darf. Ich bin der Ältere."
Die fünfjährige Paula schaut beleidigt drein.
Da stemmt ihre Mutter die Hände in die Hüften und schimpft: „Halt, ihr zwei. Erst mal wird die Uroma richtig begrüßt. Und dann bereiten wir zusammen alles so vor, dass wir gemütlich rund um den Tisch sitzen können."
Andreas hat zwei Klappstühle von zu Hause mitgebracht und stellt sie zu den beiden Stühlen, die schon am Tisch stehen. Er schiebt den Rollstuhl seiner Großmutter daneben und alle nehmen Platz.

Alle außer Max. Seine Aufgabe ist es, mit der Schüssel Wasser aus dem Badezimmer zu holen. Wieder am Tisch, angelt er sich die Streichhölzer und zündet die Kerze an. Schon nimmt er den Löffel in die Hand und will ihn mit einem Stückchen Blei über die züngelnde Flamme halten.
„Moment", sagt Andreas, „die Jüngste darf zuerst."
Paula klatscht vor Freude in die Hände. Dann greift sie nach dem Löffel, legt ein Stück Blei hinein und hält ihn eifrig über das Feuer. Als alles vollständig geschmolzen ist, lässt sie das flüssige Blei ins kalte Wasser gleiten,

www.reinhardt-verlag.de

sodass es zischt. Gespannt blicken sie reihum auf das, was sich da herausbildet. Paula beugt sich beim Betrachten dicht über die Schüssel, schließlich holt sie den erkalteten Klumpen aus dem Wasser und legt ihn vor sich auf den Tisch. „Was ist das denn?" Sie dreht das Gebilde hin und her.

Max wird ungeduldig. „Eine Sonne ist das, und jetzt bin ich dran."

Seine kleine Schwester ist damit aber nicht einverstanden. „Ich glaube, Mama, das ist eine Blume, oder?"

Susanne lacht. „Ja, Paula, für dich ist es eine Blume." Sie faltet ein Blatt Papier auseinander, auf dem die häufigsten Motive erklärt werden. „Bei Blume steht: Es können sich neue Freundschaften entwickeln."

Da nickt Paula heftig und strahlt. „Stimmt, wenn ich nächstes Jahr in die Schule komme, finde ich bestimmt viele Freundinnen."

Jetzt ist Max an der Reihe, er ist mit seinen neun Jahren der Zweitjüngste am Tisch. Ihm kann es gar nicht schnell genug gehen, und bevor das Blei richtig flüssig ist, schüttet er es vom Löffel ins kalte Wasser.

Keiner sagt etwas. Im Wasser bildet sich ein Stiel an dem noch festen Klumpen.

Max nimmt die Figur raus und legt sie neben die Blume von Paula. „Wenn deins eine Blume ist, ist meins ein Baum."

Damit sind alle einverstanden und Susanne liest laut vor: „Deine Fähigkeiten werden wachsen."

Max gibt den Löffel an seine Mutter weiter.

Sie dankt mit einem leichten Kopfnicken und meint: „Schön, Max, da sind wir ja froh, dass deine Fähigkeiten wachsen. Wenn du nächstes Jahr aufs Gymnasium

Leseprobe

gehen willst, musst du dich schon noch ein wenig anstrengen." Dann legt auch sie Blei in den Löffel und gießt die geschmolzene Masse in die Schüssel. „Hm. Ich habe einen Hinkelstein. Nein, besser ein Ei. Andreas, schau du mal bitte für mich nach."
Ihr Ehemann liest: „Deine Familie wird wachsen."
Susanne schüttelt den Kopf. „Auf keinen Fall, mit zwei Kindern sind wir schon genug."

Agnes Rautenberg und Andreas amüsieren sich über die gespielte Entrüstung.
Die kleine Paula aber schaut ernst zu ihrer Uroma und sagt: „Wir haben ja die Uri-Oma neu bekommen. Die gehört doch jetzt auch zur Familie, oder?"
„Natürlich."
Nun ist Andreas an der Reihe. Ein Halbmond! Seine Frau Susanne überfliegt leise den Text, der dazugehört, und lacht mit einem Mal, bis ihr die Tränen in die Augen schießen.
„Nun mach schon, was ist denn an einem Mond so lustig, dass du gar nicht mehr sprechen kannst." Andreas streicht sich dabei über seinen Bauch, der im letzten Jahr enorm an Umfang zugenommen hat.
„Der Mond bedeutet: Ganz egal, ob Sie dieses Jahr zu- oder abnehmen: Ihre Anziehungskraft bleibt unverändert stark."
Andreas wirft seiner Frau einen missbilligenden Blick zu und gibt seiner Großmutter wortlos den Löffel weiter.
Nun ist die Uri-Oma dran. Als Letzte, denn Agnes Rautenberg wird im nächsten Jahr 90. Sie schmilzt das Blei und lässt es mit einem Plumps ins Wasser fallen. Nach einer kleinen Weile holt sie es vorsichtig heraus und

Leseprobe

legt es mitten auf den Tisch.
Staunend begutachten die anderen das Stück.

Max ist der Erste mit seinem Kommentar: „Das sieht ja aus wie ein richtiger Engel."
Die kleine Paula nickt andächtig. „Der ist aber schön, Uri-Oma. Kann ich den haben?"
Noch bevor die alte Dame antworten kann, sagt schon die Mutter: „Hört mal! Bei Engel steht: Gutes wird zu dir kommen."
Da wirft Andreas schnell ein: „Oma, dann musst du deinen Engel auf jeden Fall behalten. Als Glücksbringer. Wir hoffen doch, dass es dir bei uns in Erlangen gefällt. Und dass wir im neuen Jahr eine gute Zeit miteinander verbringen."

(...)

Wo die Liebe hinfällt

Christina Wagner/
Andreas Ascherl
Die Lieben des Lebens
Kurzgeschichten für Senioren
zum Lesen und Vorlesen
2017.
110 Seiten. Großdruck
(978-3-497-02710-1) kt

Erzählungen von SeniorInnen zwischen 65 und 95 Jahren über die Liebe(n) ihres Lebens haben die AutorInnen in 14 lebendige Kurzgeschichten verpackt. Dabei wurde leidenschaftlich von den Erinnerungen an die „erste Liebe“, aber auch vom „zweiten Frühling“ berichtet. So entstand ein Potpourri aus Geschichten, die von der Jugendliebe in der kargen Kriegs- und Nachkriegszeit bis hin zur Verliebtheit als gereifter Erwachsener erzählen. Ob die erste Verabredung anno dazumal auf dem Rummelplatz stattfand oder heute das aufregende Date per Smartphone organisiert wird: Die Liebe ist immer ein besonderes Erlebnis. Die Geschichten für SeniorInnen laden zum Selberlesen ein und sind auch zum Vorlesen geeignet. Vielleicht löst die eine oder andere Erinnerung ja wieder Herzklopfen bei den LeserInnen aus?

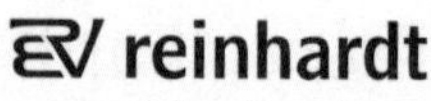

www.reinhardt-verlag.de